W0109635

Uwe Böschemeyer
WERTORIENTIERTE IMAGINATION
IN THEORIE UND PRAXIS
Grundlagen - Methodik - Anschauung

Nacht ist es - nun reden lauter alle
springenden Brunnen, und auch
meine Seele ist ein springender
Brunnen.
Nietzsche

Dr. Uwe Böschemeyer, Jahrgang 1939, Autor einer
Reihe von Büchern und zahlreicher anderer Veröffent-
lichungen, ist Gründer und Leiter des „Hamburger Instituts für Existenzanalyse und Logotherapie".
Schwerpunkte seiner Arbeit sind die von ihm begrün-
dete „wertorientierte Persönlichkeitsbildung" und die
von ihm entwickelte „wertorientierte Imagination".
Uwe Böschemeyer wurde zur Lehre und Praxis der
Logotherapie von Viktor E. Frankl autorisiert. Er ist
Inhaber des Europäischen Zertifikats für Psychotherapie.

UWE BÖSCHEMEYER

WERTORIENTIERTE IMAGINATION

THEORIE UND PRAXIS

GRUNDLAGEN - METHODIK - ANSCHAUUNG

ISBN 3-8311-0752-1
Alle Rechte liegen beim Autor.
Herstellung: Libri Books on Demand
Hamburg 2000

INHALT

VORWORT

Als ich einmal auf einer Abendgesellschaft nach meiner Arbeit mit Imaginationen befragt wurde, bemerkte ich, daß sich ein äußerst denkfähiger Herr über meine (recht sparsamen) Antworten amüsierte. Als ich ihm daraufhin anbot - was ich nie wieder tat, - eine Kostprobe dieser Arbeit zu geben, willigte er überraschenderweise ein. Einige Zeit später begleitete ich ihn auf einer kleinen imaginativen „Wanderung". In einer Szene hob er einen Baumstamm. Der Stamm war so schwer, daß ihm die Kniee zitterten. Doch als Minuten *nach* der Imagination das Zittern noch immer nicht aufgehört hatte, sah er mich ein wenig verschämt von der Seite an und sagte nur: „Nun verstehe ich ..."

Es ist ein Unterschied, ob man Musik vor einem Konzertsaal oder in einem Konzertsaal hört. Ebenso ist es ein Unterschied, ob man über Traumdeutung Bücher liest oder sie an sich selbst erfährt. Deshalb habe ich lange gezögert, ob ich das folgende Buch schreiben sollte. Denn es ist auch ein Unterschied, ob man ein Buch über wertorientierte Imaginationen liest oder sie selbst erfährt. Deshalb wird Ihnen, verehrter Leser, der Sie bislang keine Gelegenheit fanden, Imaginationen zu erleben, manches, was Sie auf den folgenden Seiten lesen werden, zunächst merkwürdig erscheinen. Ich hoffe jedoch, daß Sie durch die Beispiele, die sich durch das ganze Buch hindurchziehen, einen gewissen Zugang zu den Merkwürdigkeiten finden werden - und nicht nur zu ihnen ...

Warum habe ich trotz der angedeuteten Schwierigkeiten das Buch geschrieben? Ich habe es geschrieben,

- weil ich den Kollegen, die ich in wertorientierter Imagination ausgebildet habe und ausbilde, eine systematische Zusammenfassung dieser Arbeit an die Hand geben möchte -
- weil ich den Klienten, die nach dem theoretischen Hintergrund dieser Imaginationsform fragen, Auskunft geben möchte, und auch deshalb, weil sie durch die Lektüre vielleicht manches, was sie erlebt haben und weiter erleben, noch tiefer verstehen können -
- weil ich meine logotherapeutischen Kollegen locken möchte, den großen Schatz, den der Begründer der Logotherapie, Viktor Frankl, den „unbewußten Geist" nannte, nicht nur von der Empore des Bewußtseins aus, sondern auch aus der Tiefe des Unbewußten kennenzulernen -
- weil ich andere Fachkollegen für die wertorientierte Imagination interessieren will -
- weil mir daran liegt, daß Menschen überhaupt erfahren, *welche* Kräfte in der Seele darauf warten, endlich aus-gelebt zu werden.
- *Nicht* habe ich das Buch für Kollegen geschrieben, die nur aufgrund der Lektüre dieses Buches - ohne Ausbildung in wertorientierter Imagination - Klienten imaginativ meinen begleiten zu können.

Das Buch - das wird mir beim Niederschreiben dieser Zeilen schmerzlich bewußt - kann nur ein schmaler Ausschnitt dessen sein, was wir Tag um Tag in der Praxis erleben und reflektieren. Gern hätte ich auch die Auseinandersetzung mit anderen Imaginationsformen und -in-

halten aufgenommen, vor allem die mit C.G. Jungs un-
programmatischer Art der Begleitung von Imaginationen
und seinem Verständnis der Archetypen. Darüber hinaus
wäre mir daran gelegen gewesen, die von mir erarbeitete
Systematik wertorientierter Imaginationen im Zusammenhang mit dem Enneagramm vorzustellen - diese Ty-
penlehre halte ich für einen Glücksfall der Psychologie -,
weil sich die einzelnen „Typen" imaginativ in wün-
schenswerter Klarheit abbilden. Es lag mir jedoch vor
allem daran, die wertorientierte Imagination so klar wie
möglich darzustellen, und deshalb hatte ich mich auf das
für sie Wesentliche zu beschränken.

Ich danke den Imaginanden, die mir ihre Niederschriften
bereitwillig zur Verfügung gestellt haben. Mein Dank gilt
darüber hinaus all jenen, die mit großer Begeisterung und
kritischem Geist die Entwicklung meiner Arbeit begleitet
haben. Ohne sie wäre weder der heutige Stand noch diese
Veröffentlichung möglich gewesen.

Uwe Böschemeyer
Lüneburg, im August 2000

I. DIE ENTWICKLUNGSGESCHICHTE DER WERTORIENTIERTEN IMAGINATION

Nur wenige Fragen haben mich über Jahrzehnte so stark beschäftigt wie die nach dem Transfer von Erkenntnis in Gefühl und Handlung. Schon bevor ich mit Menschen zu arbeiten begann, drängte sich mir diese Frage auf. Während meines Studiums stieß ich auf Bücher, die mich begeisterten und in mir die naive Hoffnung weckten, fortan so leben zu können, wie ich dieses oder jenes gelesen hatte. Doch immer wieder tat sich mir eine Kluft auf zwischen der mich begeisternden Erkenntnis und der erhofften neuen Wirklichkeit. Als ich dann mit Klienten an der Überwindung ihrer Probleme zu arbeiten begann, machte ich mit ihnen ähnliche Erfahrungen.

Gewiß, Worte können wirken, können Menschen treffen und berühren, sie umstimmen und herausfordern, sie verletzen und heilen, jedoch nur solche, die Ausdruck des *Zusammenspiels von Erkenntnis und Gefühl* sind. In den Gesprächen mit Klienten zeigte sich mir jedenfalls, daß die mit der Erkenntnis verbundenen Gefühle häufig nicht so stark waren, daß sie den Transfer in gelebte Wirklichkeit hätten leisten können.

Da erfuhr ich vor etwa zehn Jahren von einer Therapie, in der Imaginationen angewandt wurden. Von C.G. Jungs „aktiver Imagination" hatte ich zwar gehört, jedoch nichts darüber gelesen. Das einzige Imaginationen betreffende Buch, das ich zunächst zur Hand nahm, war Klaus Langes Buch „Herz, was sagst du mir? Selbstvertrauen durch innere Erfahrungen"[1], das ich jedoch nicht zuende las. Auch Hanscarl Leuners „Katathymes Bilderleben"[2] legte ich rasch beiseite. Einige unveröffentlichte Seiten über „Existentielles Bilderleben", das Wilhelmine Popa praktiziert, vertieften in mir den Wunsch, den Weg der inneren Bilder zu studieren. Erst später, als sich mir die Konturen der wertorientierten Imagination in Form und Inhalt abzuzeichnen begannen, holte ich die wichtigste Imaginationslektüre nach.

Ich begann, einige Anregungen Klaus Langes aufnehmend, *selbst* Wege in und durch die innere Welt zu suchen. Dabei war mir vor allem ein mir gut bekannter Arzt behilflich, der sich mir für meine ersten Versuche zur Verfügung stellte. Erst später begriff ich, warum er trotz meines Mangels an Erfahrung offensichtlich Gewinn von den „inneren Wanderungen" hatte: Fast jeder nämlich, der sich auf seine unbewußte Welt einläßt (und sich dabei nicht allzu sehr verirrt), macht die Erfahrung, daß bereits die *Zuwendung* zur inneren Welt eine Vertiefung des Seinsgefühls zur Folge haben kann.
Die ersten Erfahrungen waren für mich so beglückend, daß ich die Experimente mit solchen Gesprächspartnern fortsetzte, von denen ich wußte, daß sie psychisch nicht gefährdet waren. Wieder zeigte sich, daß die Imaginanden tiefer als zuvor Zugang zu sich fanden.
Im Laufe der Zeit stellte ich mit Erstaunen fest, daß die unterschiedlichsten Menschen auf bestimmte Symbole ähnlich reagierten und auf bestimmten Wegen zu beglükkenden Erfahrungen gelangten. So begann ich, die offen-

---

[1] Stuttgart 1991
[2] Stuttgart 1989, 4. Aufl.

sichtlich allgemein geltenden Symbolerfahrungen und die ihnen entsprechenden Hilfen zu sammeln.

Warum ich es wagte, ohne persönliche Anleitung diese Arbeit zu beginnen? Bevor ich mit der Imaginationsarbeit begann, lebte ich schon 35 Jahre - in meiner täglich geübten „stillen Zeit" - mit inneren Bildern. Über mehrere Jahre lernte ich unter psychoanalytischer Anleitung die Traumanalyse kennen. Ich hatte auch das Glück, daß ich das Autogene Training bei Helmut Hengstmann, einem engen Mitarbeiter I.H. Schultz' - er führte mich auch in die Oberstufe des AT ein - und Bernt Hoffmann [3] studieren konnte. Darüber hinaus vertiefte ich mich viele Jahre in das Schrifttum C.G. Jungs, ohne mich allerdings - ich sagte es bereits - mit der „Aktiven Imagination" beschäftigt zu haben.

Es würde zu weit führen, wollte ich die vielfältigen und ständigen Veränderungen meiner Sicht des Unbewußten und die daraus resultierenden methodischen Neuerungen beschreiben. 1996 konnte ich im Herder-Verlag einen ersten Entwurf der „wertorientierten Imagination" vorlegen [4]. Das nun vorliegende Buch spiegelt den gegenwärtigen Stand wider, von dem ich annehme, daß er im großen und ganzen nur noch in Einzelheiten variiert werden wird.

---

[3] Siehe seine hervorragende Monographie: Handbuch des Autogenen Trainings", München 1981
[4] Dein Unbewußtes weiß mehr, als du denkst - Imagination als Weg zum Sinn, Freiburg i.B. 1996

Sehr erfreulich ist, daß inzwischen viele, auch ausländische Kollegen an den in unserem Institut stattfindenden Lehrimaginationen teilnehmen, vor allem aber, daß viele Klienten durch diese Art, Leben zu erfahren, zu einem veränderten Dasein kommen.

II. DIE ENTWICKLUNGSGESCHICHTE DER IMAGINATIONEN IM ALLGEMEINEN

1. Das Wort Imagination [5] ist aus dem Lateinischen entlehnt (imago: das Bild) und bedeutet, daß der Imaginand Bilder in seiner eigenen inneren Welt sieht.
Es war C.G. Jung, der die Imagination in die Psychotherapie einführte. Er begann sie um 1916 in seiner Arbeit an sich selbst zu entdecken. Erstmals beschrieb er seine „aktive Imagination" - eine bestimmte Form der dialektischen Auseinandersetzung mit dem Unbewußten - in der Einleitung zu Richard Wilhelms „Geheimnis der goldenen Blüte" (1929) [6] und später in den „Beziehungen zwischen dem Ich und dem Unbewußten" [7].

Drei Dinge sind m.E. für die „aktive Imagination" besonders wichtig:
- das Herstellen einer „Leere", wie es z.B. von östlichen Meditationen bekannt ist, um den Zugang zum Unbewußten zu öffnen und die Auseinandersetzung mit den inneren Bildern beginnen zu können -

---

[5] Zur Sprachgeschichte der drei Termini Phantasie, Imagination und Einbildungskraft sowie zum Phänomen „Imagination" insgesamt siehe: Gonsalv K. Mainberger, Imagination, in: Kindlers „Psychologie des 20. Jahrhunderts, Psychologie der Kultur, Band 1, Transzendenz und Religion, hrsg. v. Gion Coindrau, Weinheim und Basel 1982, S. 21 ff.
[6] Richard Wilhelm, Das Geheimnis der Goldenen Blüte, Olten 1971
[7] Carl Gustav Jung, Die Beziehungen zwischen dem Ich und dem Unbewußten, Gesammelte Werke 7 (1928), Olten 1981, S. 131 ff.

- die Isolierung der (bildhaften; Anm. v. Verf.) Inhalte
  des Unbewußten, und zwar so, daß „man sie personifiziert und dann vom Unbewußten her einen Kontakt
  mit ihnen herstellt". (Denn „nur so kann man ihnen die
  Macht entziehen, die sie sonst auf das Bewußtsein
  ausüben" [8]).
- Darüber hinaus ist für die „aktive Imagination" von
  größter Bedeutung - darin unterscheidet sie sich von
  den meisten ihrer nachfolgenden Imaginationsformen -
  die „absolute Freiheit" des Imaginanden in seiner Auseinandersetzung mit dem Unbewußten, um eine
  „einmalige, verantwortliche individuelle Entscheidung
  und deshalb ... eine einmalige so-seiende Synthese von
  bewußten und unbewußten Tendenzen" auf dem Weg
  zur Individuation, d.h. zur „vollständigen und bewußten Selbstverwirklichung der individuellen Ganzheit"
  zu ermöglichen [9].

Jungs Imagination stand bei allen heute bekannten Imaginationsformen Pate [10].
Besonders in der zweiten Hälfte des 20. Jahrhunderts
wurden weltweit zahlreiche Imaginationsformen entwikkelt, keineswegs nur in tiefenpsychologischer Tradition.
Viele Europäer beriefen sich nicht nur auf Jung, sondern
auch auf Desoille, Leuner („Katathymes Bilderleben", der

---

[8] ders., Erinnerungen, Träume, Gedanken, Zürich/Stuttgart 1962,
S. 186
[9] Marie-Luise von Franz, Die aktive Imagination in der Psychologie C.G. Jungs, in: Wilhelm Bitter, Meditation in Religion und
Psychotherapie, Geist und Psyche, München, S. 124 ff.
[10] Die heute wohl bekannteste Repräsentantin der „aktiven Imagination" ist Verena Kast. Siehe dazu ihr Buch: Imagination als
Raum der Freiheit, Olten 1989, 3. Aufl.

in der europäischen Literatur wohl am häufigsten behandelte Imaginationsansatz [11]), Happich, Assagioli, Fretigny, Virel u.a. [12]. Sie im Überblick darzustellen, entspricht nicht dem Anliegen dieses Buches. Eine Übersicht stellt Jerome L. Singer dar [13]. Singers Auffassung nach hat Desoille den Hauptanstoß für die Imaginationsentwicklung in Europa gegeben [14], die sich - erst Mitte der 70er Jahre - in den USA fortsetzte.

---

[11] Siehe dazu: H. Leuner, H. Hennig, E. Fikentscher, Katathymes Bilderleben in der therapeutischen Praxis, Stuttgart 1993

[12] Ich danke meinem Assistenten Benjamin Miller, der mir einen guten Überblick uber die vielfältigen Imaginationsformen verschaffte.

[13] Jerome Singer, Phantasie und Tagtraum, Imaginative Methoden in der Psychotherapie, München 1978, S. 88ff.

[14] Siehe dazu Robert Desoille, Le Rêve éveillé en psychotherapie, Esaai sur la fonction de régulation de l'inconcient collectif, Paris, P.O.I. 1945 - und: Introduction á une psychotherapie rationelle, Paris, L'arche 1945

III. IMAGINATIONEN IM ALLGEMEINEN

1. INNERE BILDER SIND KONSTITUTIV FÜR JEDEN MENSCHEN

Jeder Mensch hat innere Bilder, jeder kennt sie aus den Träumen der Nacht. Jede menschliche Seele hat auch die Tendenz, das, was in ihr vorgeht - also Ahnungen, Gedanken und Gefühle - in anschauliche Bilder zu übersetzen, so daß sich z.b. der Imaginand Landschaften und Gestalten gegenübersieht und in Geschichten oder gar Dramen verwickelt wird. So entstanden Mythen und Märchen, so entstehen Träume - und Imaginationen.
Im Gegensatz zu den Träumen jedoch ist sich der Imaginand seiner selbst und dessen bewußt, was er erlebt. Er hat deshalb die Möglichkeit, auf das, was ihm bildhaft begegnet, bewußt Einfluß zu nehmen und sich mit ihm auseinanderzusetzen. Daher ist die Wirkung imaginativer Arbeit ungleich stärker als die der Traumanalyse.

2. INNERE BILDER BASIEREN AUF INNEREN GESPRÄCHEN

Imaginationen basieren auf unserem inneren Sprechen, „auf der assoziativen, sprachlich-dialogischen Tätigkeit unseres Denkens, die ständig in uns abläuft" [15]. Das bedeutet, daß im Unbewußten ein ständiges Gespräch stattfindet, doch kein abstraktes, sondern ein bildhaftes. Nähern wir uns nun den inneren Bildern, nehmen wir diesen

---

[15] Lutz Müller, Suche nach dem Zauberwort, Identität und schöpferisches Leben, Stuttgart 1986, S. 233 f.

inneren Prozeß wahr. Gerade diese Möglichkeit aber verschafft uns die Gelegenheit, auf sie in einer Weise Einfluß zu nehmen, wie es über ein Gespräch auf der Bewußtseinsebene nie möglich wäre. Nehmen wir nämlich auf die inneren Bilder Einfluß, so beeinflussen wir nicht nur sie, sondern auch und vor allem die Gefühle und *Gefühlskräfte*, die durch die Bilder symbolisiert werden. Ein Beispiel:

> *Klienten mit einer Zwangsneurose sehen in Imaginationen häufig ihren „inneren Ankläger". Werden sie seiner ansichtig, erleben sie zunächst große Angst. Weichen sie nicht sofort aus, sondern machen sie sich mit ihm vertraut, dann wagen sie es u.U., sich ihm zu nähern. In dem Maße aber, in dem sie auf ihn zugehen und die Angst vor ihm durch-leben, reduziert sich dessen Macht: Der Ankläger wird in aller Regel kleiner und schwächer in seiner Ausstrahlung, bis er im Lauf der Zeit - zunächst einmal - in sich zusammensinkt oder sich auflöst.*

Bevor der Zwangskranke seinen Ankläger kannte, litt er „lediglich" unter einem *anonymen* Druck und den von ihm selbst als sinnlos verstandenen Zwängen. Nun aber, da sich ihm der Urheber in personifizierter Gestalt zeigt, hat der Kranke die Möglichkeit, sich mit ihm auseinanderzusetzen und dessen Macht zu verringern.

Was für die Zwangsneurose und den damit verbundenen Empfindungen und Gefühlen gilt, gilt für jedes andere menschliche Gefühl, ob positiv oder negativ, in gleicher Weise. Die Ursachen der Angst z.B., die der Depression, die Gründe der existentiellen Frustration oder der inneren Heimatlosigkeit - sie kommen zwar anonym zum Ausdruck, doch erst deren *Personifizierung* gibt den Leidenden die Gelegenheit, sich gründlich mit ihnen auseinanderzusetzen und ihre destruierende Macht zu reduzieren oder gar aufzulösen.

Was von den „Negativ-Gefühlen" gilt, gilt nicht weniger von den „positiven". Auch Freiheit, Liebe, Mut etc. zeigen sich in Imaginationen in personifizierter Gestalt und verschaffen uns so die Möglichkeit, sie uns zueigen zu machen oder mit ihnen eins zu werden. Wieviel schwerer dagegen fällt es uns, uns diesen Phänomenen gedanklich, assoziativ oder meditativ so zu nähern, daß wir sie mehr als bisher zu leben beginnen!

3. INNERE BILDER HABEN MITTLERFUNKTION

Die inneren Bilder sind die *Brücke* zwischen Bewußtsein und Unbewußtem. Sie haben daher *Mittlerfunktion* zwischen beiden Welten. Das bedeutet, daß die viel ersehnte Ganzheit des Menschen Wirklichkeit zu werden beginnt, wenn er diese Bilder zu verstehen und sich mit ihnen auseinanderzusetzen beginnt.

Innere Bilder sind bildhafter Ausdruck *unbewußter* Gedanken und Gefühle, die sich in zwei Gruppen einordnen lassen:

3.1. Die erste Gruppe beinhaltet die *Erinnerungen an das gelebte Leben*, die „negativen" ebenso wie die „positiven". Manche dieser Bilder sind *reale Erinnerungen*, die ins „persönliche Unbewußte" (C.G. Jung) hinabge-

sunken sind. Andere wiederum spiegeln in *Symbolen* Aspekte vergangenen Lebens wider. Dazu ein Beispiel:

> *Ein Mann, der in seiner Kindheit extrem einsam war, sieht in einer Imagination einen riesigen, aber leeren Platz, in dessen Mitte ein kleines Kind still an einem Pfuhl sitzt. Dieses Kind ist er selbst.*

3.2. Zur zweiten Gruppe gehört eine Fülle *transsubjektiver* Bilder, die „Urbilder" der Seele, die zum Allgemeingut der Menschheit gehören. Diese dem „kollektiv Unbewußten" angehörenden „archetypischen" Bilder (C.G. Jung) sind ebenso „negativer" wie „positiver" Art. Dazu gehören z.B. feuerspeiende Drachen, Kraken und Spinnen einerseits und die Sonne, der oder die „alte Weise" oder die große, bergende Hand andererseits.

Sofern nun die Bilder nicht reale Erinnerungen darstellen, nennen wir sie *Symbole*. (Das Wort Symbol, das sich vom griechischen *symballein* ableitet, bedeutet zusammenwerfen, zusammenfügen von Bruchstücken, die zusammengefügt ein Ganzes ergeben [16]). Symbole sind Sinn-Bilder, die in komplexer Weise innere Wirklichkeiten zusammenfassen. Daher ist es nicht möglich, sie nur vernunftmäßig erfassen zu können. Weil sie komplex sind und verschiedene Bedeutungen in sich vereinen, passen sie nicht in ein rational-logisches Konzept.

---

[16] Duden. Herkunftswörterbuch. Eine Etymologie der deutschen Sprache, Mannheim 1963

4. WOVON INNERE BILDER HANDELN

- Sie erinnern an vergangenes, sinnvolles Leben.
- Sie erinnern an vergangenes, aber unerledigtes Leben, an nicht überwundene Verletzungen ebenso wie an ungelebte Möglichkeiten.
- Sie erhellen nicht nur Vergangenes, sondern werfen auch Lichter auf Kommendes.
- Sie zeigen die inneren Widerstände, die die Entwicklung eines sinnvollen Leben stören.
- Sie zeigen Möglichkeiten des Geistes, die noch nicht bewußt geworden sind, z.B. der Freiheit, der Liebe, der Hoffnung, der Kreativität, der Religiosität.
- Sie vermitteln nicht nur persönliche, sondern auch allgemein-menschlich wichtige Einsichten und Erfahrungen der Menschheit, an denen jeder einzelne in der Tiefe seiner Seele Anteil hat.
- Sie sind nicht nur die Brücke zwischen dem Bewußten und dem Unbewußtem, sondern auch zwischen der Immanenz und der Transzendenz.
- Sie er-gänzen unser bewußtes Bild der Wirklichkeit um die weite und reiche Welt der unbewußten Wirklichkeit [17].

---

[17] „Wir träumen von Reisen in das Weltall. Ist denn das Weltall nicht in uns? Die Tiefen unseres Geistes kennen wir nicht. Nach innen geht der geheimnisvolle Weg. In uns oder nirgends ist die Ewigkeit mit ihren Welten, die Vergangenheit und die Zukunft" (Novalis).

5. DIE BEDEUTUNG INNERER BILDER

- Symbole sind sichtbare Zeichen der unsichtbaren Welt, durch die sich das innere Leben ausspricht und *Botschaften* der Seele mitteilt.
- Symbole sind energetische *Kraftfelder*, bildhafter Ausdruck der inneren Kräfte, der bedrohlichen ebenso wie der beglückenden, der sinnverweigernden ebenso wie der sinnvollen.

Diese Kraftfelder haben für die Lebensqualität eine eminent wichtige Bedeutung. Bleibt ein „*negatives*" Kraftfeld, etwa die Aggressivität, auf Dauer außerhalb der Reichweite des Bewußtseins, so kann es mit dem Menschen machen, was es will - bis hinein ins Körperliche. Bleibt ein „*positives*" Kraftfeld auf Dauer brach liegen, z.B. die Liebesfähigkeit, dann verhindert das nicht nur die Selbstwerdung -, es kann sogar sein, daß sie ins Gegenteil pervertiert.

Das bedeutet: Nur die inneren Bildkräfte werden zugunsten eines Menschen wirksam, mit denen er sich hinreichend vertraut gemacht und auseinandergesetzt hat. „Es ist ein Urgesetz menschlichen Lebens, daß nur das, was angeschaut, also vergegenständlicht wird, auch verändert werden kann"[18].

6. DAS ERLEBEN INNERER BILDER

In Bildern und Symbolen spricht sich das innere Leben unmittelbar und unverstellt aus. Läßt man sich auf sie ein,

---

[18] Sr. Liliane Juchli, Heilen durch Wiederentdecken der Ganzheit, Stuttgart 1988, S. 55

erfährt man sie dreidimensional. Weil sie *farbig, plastisch, gefühlvoll und erlebnisnäher* als jeder noch so eindrucksvolle Gedanke sind, kommt der Imaginand seinen unbewußten Vorgängen sehr nahe. Er sieht, hört, riecht, schmeckt, tastet, spürt und *fühlt*, was ihm begegnet. Er tritt also als ganzer Mensch in das Geschehen hinein. Und weil die Bilder auf ihn *zukommen*, kann er sich ihnen kaum entziehen. Er erlebt sie so intensiv, daß er zur existentiellen Auseinandersetzung mit ihnen herausgefordert wird. Er muß sich ihnen stellen. Auf diese Weise erfährt er eine komplexe Bearbeitung der Vergangenheit und neue Zugänge zu einem gelingenden Leben in der Gegenwart.

Aufgrund der existentiellen Herausforderung, sich den inneren Bildern zu stellen, ist die Imagination

- „ein unschätzbares Mittel für den Analysanden, sich weniger infantil abhängig von seinem Analytiker entwickeln zu können",

- außerdem - und das ist ein noch wichtigerer Aspekt - wird die „Eigenständigkeit des Analysanden ermöglicht" und damit die Möglichkeit eröffnet, „die Verantwortung für sich selber auf sich zu nehmen" [19].

„Zu arm (dagegen) ist die menschliche Sprache, um die Fülle der Ahnungen, welche der Wechsel zwischen Tod und Leben wachruft, zu kleiden. Nur das Symbol und der sich ihm anschließende Mythos können diesen Bedürfnissen genügen. Das Symbol weckt Ahnungen, die Sprache kann nur erklären. Das Symbol schlägt alle Saiten des menschlichen Geistes zugleich an, die Sprache ist genötigt, sich immer nur einem einzigen Gedanken hinzuge-

---

[19] von Franz, Imagination, a.a.O. S. 127

ben. Bis in die geheimsten Tiefen der Seele treibt das Symbol seine Wurzel, die Sprache hingegen berührt wie ein leichter Windhauch die Oberfläche des Verständnisses. Davon ausgenommen ist freilich die Sprache des Dichters, der hinter die Alltags-Abgegriffenheit des Wortes dringt ..." [20].

7. GEFAHREN IM UMGANG MIT INNEREN BILDERN

- Es ist nicht immer leicht zu unterscheiden, ob unser *reales* oder ein nur *fiktives Ich* - also nicht der Imaginand *selbst* - sich mit den personifizierten Gestalten des Unbewußten auseinandersetzt. Um welches Ich es sich handelt, wird allerdings spätestens dann deutlich, wenn sich die „innere Wanderung" entweder als hilfreich oder als störend herausstellt.

- Ebenso ist nicht immer leicht zu entscheiden, ob die uns begegnende innere Gestalt lediglich eine *Projektion* unseres Ichs ist oder eine *echte* Personifizierung des Unbewußten. Worum es sich in Wirklichkeit handelt, wird in aller Regel deutlich, wenn sich bei näherer Betrachtung der Gestalt deren Fremdheit zeigt oder sie Dinge ausspricht, die der Imaginand sonst niemals gesagt hätte. So sagte z.B. ein sehr einfacher Mann den für ihn untypischen Satz: *„Das Licht scheint keinen Ursprung zu haben; es kommt aus sich selbst heraus"*.

- Eine weitere Gefahr besteht in der *Intellektualisierung*

---

[20] J.C. Bachofen, in: A. Rosenberg, Ursymbole und ihre Wandlung, Einführung in das Symbolverständnis, Freiburg/Basel/Wien 1992, S. 21 f.

der Bildabläufe. Sie besteht darin, die Bilder rasch verstehen und deuten zu wollen, ohne die Komplexität der
Symbole begriffen zu haben. Die Folge ist, daß der Imaginand das, was er erlebt, z.B. „spannend" findet, ohne
daß sich Wesentliches in ihm bewegt hätte.

• Auch das ist eine Gefahr: sich an den Bildern zu de-
lektieren, sie *schön* zu reden oder nur das „Schöne" in
den Blick zu nehmen, das „*Häßliche*" dagegen zu über-
sehen. So kann es geschehen, daß der Imaginand seine
stärksten Widerstände gegen ein gelingendes Leben unmittelbar vor Augen sieht, aber die Chance nicht nutzt,
sie zu überwinden.

• Mit großem Ernst weist Marie-Luise von Franz auf die
„ethische Reinheit der Gesinnung (als) eine der wesentlichen Grundvoraussetzungen" [21] für hilfreiche Imaginationen hin, d.h. auf die Verbindlichkeit und Verantwortlich-
keit des inneren Handelns. M.a.W.: Der „ethischen Reinheit" widerspräche eine imaginative Arbeit, die z.B. nur
darauf aus wäre, Befriedigungen zu erfahren, Neugier zu
stillen oder psychologisch zu experimentieren.

• Es kann sein, daß im Zusammenhang mit Imaginationen somatische Symptome auftreten, z.B. aus Ich-
Schwäche oder dann, wenn sich der Imaginand einer sich
ihm anbietenden Auseinandersetzung entzieht [22].

• Es kann auch sein, daß durch Imaginationen latente
Psychosen zum Ausbruch kommen können [23], dann nämlich, wenn das Ich der Auseinandersetzung mit dem Ge-
fahrenherd nicht gewachsen ist.

---

[21] von Franz, a.a.O., S. 130
[22] Siehe dazu ein Beispiel: von Franz, ebd., S. 126 f.
[23] C.G. Jung, Mysterium Coniunctionis, Gesammelte Werke, Band
II, S. 309

Meiner Erfahrung nach sind jedoch die meisten der ge-
nannten Gefahren in dem Maße kontrollierbar, in dem der
Imaginand sachkundig begleitet wird, und der Begleiter -
bei allem Respekt vor dessen individuellem Weg - Mit-
verantwortung zu übernehmen bereit ist [24].

---

[24] Siehe dazu Abschnitt III, 9: Methodik der wertorientierten Imagination

IV. DIE CHARAKTERISTISCHEN ELEMENTE DER WERTORIEN-TIERTEN IMAGINATION

1. DIE BEDEUTUNG INNERER BILDER AUS DER SICHT VON IMAGINANDEN

Auf meine Frage nach der Bedeutung innerer Bilder erhielt ich von Teilnehmern zweier Seminare, die wertorientierte Imaginationen in Theorie und Praxis kennenlernten bzw. erlebten, folgende Antworten (Die Teilnehmer fanden die Antworten, während sie sich auf einige Bilder konzentrierten):

Innere Bilder verbinden uns mit dem Ursprünglichen. - Sie sind die Landkarte der Seele. - Sie sind geheimnis-voll. - Sie sind Botschaften der Seele. - Sie sind Fenster zur Ewigkeit. - Sie geben Orientierung in Raum und Zeit. - Sie sind nicht etwas vom Leben, sondern das Leben schlechthin. - Alles Leben bildet sich in ihnen ab. - Sie sind der Spiegel des Lebens. - Sie wirken erst dann, wenn wir ihnen nicht in Distanz begegnen. - Sie sind Wirklichkeiten. - Sie sind Qualitäten eigener Art. - Sie gehören zu uns, aber sie gehören uns nicht. - Sie sind etwas spezifisch Menschliches. - Sie transzendieren unsere Wirklichkeit. - Bestimmte Bilder sind ein Symbol für das Unbegrenzte der Seele. - Ich bin die Bilder. - Sie sind viel mehr als ich. - Sie sind ein dynamisches Spiel innerer Kräfte. - Ich sehe in sie hinein und darüber hinaus. - Sie spiegeln alle Körperteile wider. - Ich kann sie

anfassen, aber sie sind nicht faßbar. - Sie sind
wahr, sie lassen keinen Zweifel zu. - Sie schaffen
Verbindung zur Tiefe. - Ich mache sie nicht, ich
bekomme sie geschenkt. - Sie beziehen sich auf
Vergangenheit, Gegenwart und Zukunft. - Sie
setzen die Zeit außer Kraft. - Sie sind selbständig.
- Sie sind weise und lebendig. - Sie sind heilsam. -
Sie sind gewaltig. - Sie beleben die Sinne, sie beleben mich. - Ich scheine der Bildschirm zu sein. -
Sie konfrontieren mich mit eigenen Wahrheiten,
die ich sonst nicht zulassen würde. - Sie sind auch
greifbare, fühlbare Körperlichkeit. - Sie kommen
aus meinem Seelengrund. - Sie sind vor mir da,
werden auch nach mir sein. Ich bin das Gefäß, das
sie trägt. - Ob ich sie haben will oder nicht - sie
sind trotzdem da.

2. DAS MENSCHENBILD

Die wesentliche anthropologische Voraussetzung der
wertorientierten Imagination ist die Franklsche Sicht des
Unbewußten. Setzt Freud das Unbewußte dem Bereich
des Triebhaften gleich, so lehrt Frankl die Unterscheidung zwischen „triebhaft Unbewußtem" und „geistig
Unbewußtem" [25], das er als *Quelle* des bewußten Geistes
sieht. Diese Unterscheidung hat tiefgreifende Folgen
nicht nur für die Psychothcrapic im allgemcinen, sondern
auch für die Imaginationsarbeit im besonderen:
Hat der bewußte Geist im unbewußten Geist seinen
Grund, dann ist das Wesen des Menschen primär durch

---

[25] Viktor E. Frankl, Theorie und Therapie der Neurosen, München
1993, 7. Aufl., S. 174

seine *geistige* Emotionalität gekennzeichnet. *Diese* Emotionalität aber hat „eine unübersehbare kognitive Tragweite"., die, so Frankl, in dem berühmten Pascal-Satz zum Ausdruck kommt: „Das Herz hat seine Gründe, die der Verstand nicht kennt" [26]. „Herzensweisheit" ist daher für Frankl „das Kernstück und die Mitte des Menschen, die Person, die geistige Tiefenperson" [27]. Dem stimme ich voll zu.

Während nun Frankl davon ausgeht, daß sich das geistig Unbewußte jeder Selbst- und Fremdbeobachtung entziehe und - als „Quell- und Wurzelschicht aller bewußten Geistigkeit" - seiner Unbewußtheit nicht beraubt werden dürfe, ist für mich die *Begegnung - nicht* die Beobachtung! - *mit* dem geistig Unbewußten der Dreh- und Angelpunkt logotherapeutisch-imaginativer Arbeit.

„Begegnung" bedeutet, daß es in wertorientierten Imaginationen zwar möglich ist, sich dem unbewußten Geist kognitiv und emotional *anzunähern* (!) und Beziehung zu ihm aufzunehmen -, „Begegnung" bedeutet dagegen keinesfalls, daß dadurch dessen Unbewußtheit und gar sein numinoser Charakter verloren ginge. Wer letzteres annimmt, hat die existentielle Begegnung mit dem unbewußten Geist imaginativ nicht *erlebt.*

Ich gebe zu bedenken, daß der für Frankl so wichtige Satz, der unbewußte Geist entziehe sich jeder Selbst- und Fremdwahrnehmung, nicht ein Ergebnis psychologischer

---

[26] ders., zitiert nach Frankl, Der Mensch vor der Frage nach dem Sinn, München/Zürich 1998, 10. Aufl., S. 64
[27] ders., Grundriß der Existenzanalyse und Logotherapie. In: Grundriß der Neurosenlehre, Bd. II, München/Berlin/Wien 1972, S. 687

Erfahrung war, sondern *philosophisch* begründet wurde,
nämlich durch Scheler [28].

Es sind eben zweierlei Dinge: theoretisch und daher von
der Empore des Bewußtseins aus sich über das Unbewußte Gedanken zu *machen* oder die Dimension der
Tiefe persönlich aufzusuchen und zu erfahren.

Zwei Beispiele wertorientierter Imaginationen, die zum
„Ort des unbewußten Geistes" führten und die veranschaulichen können, wie sich der unbewußte Geist imaginativ zeigt. Das erste Beispiel erlebte eine Frau:

> *Ich steige eine Wendeltreppe hinunter. Es ist hell.*
> *Die Treppe scheint mir endlos tief. Sie endet in*
> *der Mitte einer von unten erleuchteten Höhle im*
> *Wasser. Ich wate aus dem Wasser heraus, um zu*
> *sehen, woher das Licht kommt. Ich kann es je-*
> *doch nicht herausfinden, verlasse deshalb die*
> *Höhle und gelange in eine herrliche Bergland-*
> *schaft. Mir wird klar, daß ich zu einem bestimm-*
> *ten See gehen muß. Ich lasse mich von meiner*
> *Seele führen. Dabei spüre ich eine kleine Hand in*
> *meiner Hand, die mich zum See zieht. Dort ange-*
> *kommen, läßt die Hand mich los.*

> *Ich gehe zur Mitte des Sees, lasse mich hinunter-*
> *sinken und finde mich in der Mitte des Meeres-*
> *grundes wieder. Steintreppen werden sichtbar.*
> *Ich steige sie hinunter und gelange in ein Am-*

---

[28] Zur *philosophischen* Auseinandersetzung mit Max Schelers
These siehe: Martin Heidegger, Sein und Zeit, Tübingen 1993, 17.
Aufl., S. 48

phitheater, das in einer herrlichen griechischen Landschaft steht. Über mir strahlt der Himmel. Ich begebe mich zur Mitte des Theaters und sehe in den vier Himmelsrichtungen Eingänge. Ich selbst befinde mich auf dem Kreuzungspunkt der Himmelsrichtungen. Ich schaue mich um und sehe aus den Eingängen vier verschleierte Gestalten kommen. Mir wird klar, daß sie mir etwas geben wollen.

*Ich wende mich nach Norden und mache einen Schritt auf die mir entgegenkommende Gestalt zu. Die weibliche Gestalt entschleiert ihr Gesicht und hebt den Deckel von dem goldenen Gefäß, das sie in den Händen hält. Eine weiße Taube fliegt heraus. Dann werde ich selber zur Taube, erlebe **Leichtigkeit, Weite und Freiheit**. Ich fliege über Meer und Land der Sonne entgegen. Doch ich weiß, daß ich mich nicht zu nahe an die Sonne heranwagen darf, weil ich sonst verbrennen würde. Ich kehre deshalb zurück.*
*Ich stehe wieder im Amphitheater. Die Taube sitzt auf meiner rechten Hand. Nun wende ich mich nach links, nach Westen, und schaue die nächste Gestalt an. Sie entschleiert sich. Ein männliches Gesicht wird sichtbar. Die Gestalt gibt mir einen Stein. Er wirkt schwer in meiner Hand. Ich spüre in mir Schwerkraft, aber auch **Grund, Halt und Sicherheit**. Dann wird der Stein groß, und ich stelle mich auf ihn. Er gibt mir festen Halt.*
Ich wende mich nach Süden und knie nieder, um das Geschenk der dritten Gestalt zu empfangen.

*(Sie ist wieder weiblich). Sie gibt mir ein goldenes Kästchen. Ich setze mich mit meiner Taube auf meinen Stein und zögere lange, ehe ich es öffne, weil ich ein wenig Angst verspüre. Schließlich öffne ich es doch und entnehme ihm einen Ring mit einem großen Edelstein. Ich streife ihn über meinen linken Ringfinger und „weiß", daß man mit diesem Ring **wissend und sehend** ist. Der Stein spiegelt mich wider, auch die ganze Schöpfung spiegelt mich wider.*

*Schließlich wende ich mich nach Osten. Die verschleierte Gestalt am östlichen Eingang winkt mir zu. Ich folge ihr nach auf eine Anhöhe, wo ein verlassener griechischer Tempel steht. Ich trete ein und sehe hinten in der Mitte einen Steinaltar. Ich bin allein. Plötzlich schallt es von allen Seiten: „**Erkenne dich selbst!**" Ich sehe diesen Satz auch als Inschrift über dem Eingangsportal gemeißelt. Der Schall wird immer lauter, bedrängender. Ich habe Angst.*
*Ich setze die Taube auf den Altar, lege den Stein und den Ring dazu. Dann beschließe ich, mitten durch den furchtbaren, unsichtbaren Chor nach draußen zu gehen. Vor dem Tempel wird mir dann die Ergänzung zu dem Satz „**Erkenne dich selbst!**" bewußt: „**dann erkennst du mich**" (Gott). In großer **Klarheit, Sicherheit und Freiheit** gehe ich meinen Weg.*
Nach dieser Imagination war die Frau noch lange von dem, was sie erlebt hatte, überwältigt. Die

Wirkung ging weit über den Tag hinaus. Sie fühlte sich mehr als bisher im Leben gegründet.

Das zweite Beispiel erlebte ein Mann:

Ich gehe durch einen großen Torbogen und dann eine breite, rote Marmortreppe hinunter. Von unten weht ein warmer Wind herauf bis in mein Herz hinein. Aus der Tiefe höre ich sanftes Wellenschlagen und starkes Meeresgeräusch. Die Treppen werden dunkelblau. Ich gelange zu einem blaugrünen Meer. Ich springe hinein und schwimme in glasklarem Wasser. Ich sehe wunderschöne bunte Korallen.

*In der Mitte des Meeres erkenne ich einen etwa 30 Meter weiten Kreis, der von Korallen umsäumt wird. Ich trete näher heran und schaue auf den Boden. Zu meinem Erstaunen schaue ich in einen blauen Himmel mit weißen kleinen Wolken. Mit einem Gefühl von **Freiheit** fliege ich wie ein Vogel hinein und lande in einer antiken Stadt (wie das Forum Romanum früher wohl aussah).*
Ich stehe auf einem Tempelvorplatz. Warmes, helles, goldgelbes Sonnenlicht umhüllt mich. Ich fühle mich wohl und nehme voller Freude die Sonnenstrahlen wie Lichtbündel in meine Arme. Deren Wärme durchflutet mich. Ich bin glücklich wie damals als kleines unbeschwertes Kind, das in der Sommersonne spielte.
Die Sonnentrahlen scheinen zwischen den äußeren Säulen des Tempels hindurch und beleuchten das Eingangstor. Ich gehe darauf zu. Über dem

Tor sehe ich das blaue Jesus-Mosaik, wie ich es über dem Tor der Hagia Sophia in Istanbul sah und spüre ein ehrfurchtsvolles, heiliges Erschauern.
*Ich gehe in den lichtdurchfluteten Tempel hinein und spüre, daß meine Arme und Beine angenehm schwer werden. In der Tempelmitte steht ein **weißer Altar**. Daneben stehen zwei **Engel** und fordern mich mit einladender Geste auf, näherzutreten. Doch **Ehrfurcht** hindert mich eine Weile daran. Ich fühle mich nicht wertvoll genug und fühle mich zu unzulänglich, um ihnen näherzutreten. Schließlich gewinnt mein Zutrauen zu ihnen die Oberhand. Ich gehe zu ihnen.*
*Auf dem Altar steht goldenes Meßgeschirr. Die Engel laden mich zum **Abendmahl** ein. Wieder zögere ich: Kann ich etwa allein das Abendmahl nehmen? Ich frage mein Herz. Es sagt ja. Da reicht mir der eine Engel eine Oblate. Sie schmeckt angenehm süß. Der andere reicht mir den Kelch. Der Wein ist von gehaltvoller Schwere. Ich fühle mich sehr **geborgen** bei den Engeln - und in mir.*
*Ich schaue nach oben. Aus der hohen Kuppel strahlt sehr **helles Licht** herab und in mich hinein. Dadurch sehe und fühle ich meine **Gedanken als sich bewegende bunte Lichtwellen**. Sie spielen. Das heißt: Ich mache nicht meine Gedanken, sondern ich sehe und fühle, daß sie aktiv spielen und ich sie (nur) wahrnehme. Sie spielen von vorn nach hinten und von links nach rechts und*

*gleichzeitig in alle Gegenrichtungen mit faszinie-
render Leichtigkeit.*

Das ist ein völlig neues Gefühl für mich: **Ich mache mir nicht aktiv die Gedanken, sondern ich
fühle, wie die Gedanken spielerisch von allein
spielen -, wie sie auf mich zukommen.** *Es ist ein
befreiendes Gefühl, an das ich mich gewöhnen
könnte ...*

Sehr bewegt verließ der „Wanderer" seine Imagination - in dem Gefühl, mehr noch als bisher vom
Geist bewegt worden zu sein.

Der unbewußte Geist ist die „*Mitte*" der Seele. Er ist
zugleich der Grund, die Mitte und das Ziel der wertorientierten Imagination.

Was ist „unbewußter Geist"? Unbewußtes Sinnbedürfnis,
Wertgefühl, Gewissen, unbewußte Freiheit, Verantwort-
lichkeit, Liebe, unbewußter Mut, unbewußte Hoffnung,
Intuition, Religiosität, unbewußt Ästhetisches, Künstleri-
sches etc.

Und was ist Geist *überhaupt?* Geist ist *die* machtvolle,
schöpferische, gestaltende, sinnstiftende Kraft im Menschen, von deren Wirksamkeit primär abhängt, in welcher
Weise der *ganze* Mensch existiert.

Geist ist „intentional" (Frankl). Er intendiert jene spezi-
fisch humanen Werte, die ein ganzheitlich gelingendes
Leben begründen. Und in dem Maße, in dem ein Mensch
Zugang zum Geistigen findet, findet er sich, findet er
Sinn.

Anders als in der Logotherapie üblich, halte ich es für
wesentlich und wichtig, nicht nur in Gesprächen, sondern
auch in wertorientierten Imaginationen das *triebhaft Un-*

bewußte in die Arbeit einzubeziehen. Was wäre das für ein Menschenbild, das nicht mit der polaren Struktur des Lebens ernst machte und die _Einheit_ von „Höhen -" und „Tiefenpsychologie" beachtete? Zwar gilt die Konzentration meiner Arbeit der Entbindung der _geistigen_ Kräfte, die Erfahrung vor allem mit wertorientierten Imaginationen zeigt jedoch, daß die Polarität des Lebens nicht vor den Toren der Seele Halt macht. Das bedeutet, daß Selbst- und Sinnfindung, insbesondere bei seelisch erkrankten Menschen, nur dann möglich ist, wenn dem Geistigen die Wege geebnet und die Widerstände auf dem Weg zu den Zielen frei werden.

Wer sich kennt -, wer sich wirklich kennt, weiß, daß häufig genug verdeckte Aggression, Angst, Melancholie, narzißtische Strebungen etc. selbst die stärksten Wünsche nach Realisierung der Kräfte des Geistes etc. behindern -, daß unbewußte innere Gegenspieler die Verwirklichung des Geistes sogar zunichte machen können. Wer als Helfer von Menschen sich weigert, diese Tatsache anzuerkennen, übersieht nicht nur die grundlegende Weisheit der Mythen, Märchen und Träume, sondern erdreistet sich auch, die reichen Erfahrungen der Tiefenpsychologie nicht ernst zu nehmen.

3. DIE ZIEL - UND WERTORIENTIERUNG [29]

3.1. AUSGEBILDETE BILDER

Es geht in wertorientierten Imaginationen

---

[29] Siehe dazu: Uwe Böschemeyer, Schule des Lebens, Wertorientierte Persönlichkeitsbildung in Theorie und Praxis. Ein Beitrag der Logotherapie zur Erwachsenenbildung, Hamburg 2000, S. 94 ff.

- nicht um bloße Phantasien, z.B. um *Tagträume*, die sich in Bildern unbeabsichtigt zeigen oder sich absichtlich entwickeln lassen -
- nicht um „passive Imagination" im Sinne eines „inneren Kinos", das jeder phantasiebegabte Mensch im entspannten Zustand, z.B. vor dem Einschlafen, in sich ablaufen lassen kann -
- nicht um ein mit Bildern einhergehendes inneres Selbstgespräch -
- nicht um Visualisierungen und Vor-Stellungen, die zwar auch bildhaft sind, jedoch willentlich hervorgerufen werden können -
- nicht um selbstsuggestive, bildhafte Einbildungen wie z.B. im autogenen Training.

Die Bilder, die für wertorientierte Imaginationen wesentlich sind, werden nicht vom Bewußtsein eingebildet, sondern vom Unbewußten *ausgebildet*. Sie werden nicht gemacht, sondern *erwartet*.

3.2. ORIENTIERUNG AUF WERTE

Das Spezifische des Geistes liegt in seiner Intentionalität, d.h. in seinem Ausgerichtetsein auf solche *Werte*, die Sinn begründen. Die den spezifisch menschlichen Werten zugrunde liegenden Gefühle wurzeln im Bereich des unbewußten Geistes und werden, wenn man sich ihnen imaginativ nähert, in attraktiven, d.h. anziehenden Bildern sichtbar.
Zwei einfache Beispiele:

„Wandert" ein Imaginand zum „Ort der verbor-
genen Lebenskräfte", so begegnet er möglicher-
weise in der Mitte des Meeres einer mächtigen
Wasser- und Lichtfontäne. Er legt sich auf deren
Strahl und wird von dessen starker Energie
durchflutet.

Wandert er zum „Ort des Stehvermögens", so
begegnet er vielleicht einem Felsen, auf den er
sich stellt, und der ihm das Gefühl vermittelt, von
nichts auf der Welt umgestoßen werden zu kön-
nen.

3.3. SELBST- UND WERTFINDUNGSBARRIEREN

Nun aber zeigen sich in Imaginationen nicht nur lebens-
fördernde Werte, sondern auch lebensbehindernde Barrieren auf dem Weg zu ihnen, z.B. ungesteuerte Aggressivität, übermäßige Angst, überzogene Eitelkeit, und
auch sie kommen in Bildern zum Ausdruck, z.B. in Gestalt von wilden Tieren, furchterregenden Riesen, narziß-
tisch wirkenden Figuren oder Sümpfen. Diese Imagines
aber haben nicht weniger Herausforderungscharakter als
die zum Bild gewordenen Werte! Zweifelsfrei erreichen
die „Wanderer" nur dann ihre wert-vollen Ziele, wenn sie
die Auseinandersetzungen mit den lebensbehindernden,
möglicherweise neurotischen Mächten aufgenommen
haben.
Ein Beispiel:
In Michael Endes Symbolbuch der „Unendlichen Geschichte" gerät Atréju (die unbewußte, heldenhafte Seite
Bastians) in die „Sümpfe der Traurigkeit", deren Sog
jedwede Antriebskraft und Vitalität lähmt. Von dort aus

gelangt er zur personifizierten Gestalt der Sümpfe, zur Uralten Morla (Symbol für schwere Trägheit, Resignation, Depression, Gleichgültigkeit etc.). In Analogie zu dieser Geschichte erlebte ich mit einem Mann, der an einer autoaggressiv bedingten Krankheit litt, die folgende Imagination:

Er stand am Rand eines großen Sumpfgebietes, schien aber weder erschrocken noch willig zu sein, einen weiterführenden Weg zu suchen.

Begleiter: Wollen Sie hier bleiben?
Imaginand: Ich weiß nicht so recht.
B.: Was geht von den Sümpfen aus?
I.: Eine gewisse Schwere, auch eine gewisse Unheimlichkeit.
B.: Noch etwas anderes?
I.: Irgendwie werde ich davon angezogen.
B.: Von den Sümpfen?
I.: Ja und nein ... (Schweigen).
B.: Sie sind so still ...
I.: Da tauchen seltsame Schattengestalten über den Sümpfen auf ... Es sieht so aus, als ob sie winkten ... Sie scheinen mir etwas sagen zu wollen ... Irgendetwas flüstern sie ... Die locken mich ...
B.: In die Sümpfe?
I.: Ich weiß nicht so recht ...
B.: Ihr Gefühl?
I.: Melancholie ... Irgendwie auch Hoffnungslosigkeit. Vor allem aber Melancholie. (Längeres Schweigen).
B.: Mögen Sie sich einmal umdrehen?
I.: Da sehe ich in der Ferne einen Berggipfel. Er leuchtet ganz hell. Sieht schon faszinierend aus.
B.: Was löst der Gipfel sonst noch in Ihnen aus?

I.: Klarheit, auch eine gewisse Freude. (Schweigen).

B.: Sie könnten hier bei den Sümpfen bleiben. Sie könnten sich auch auf den Weg zum Gipfel machen.

I.: (Nach längerem Schweigen): Merkwürdig - der Gipfel ist zwar wunderschön, aber ... ich komme hier nicht los. Etwas hält mich. Das ist hier nicht nur unangenehm. Das ist auch ... komisch ... irgendwie anziehend. (Schweigen).

B.: Was machen die Schattengestalten?

I.: Die sind noch da.

B.: Fällt Ihnen eine besonders auf?

I.: (Nach längerer Zeit): Ja, eine. Sie scheint größer als die anderen zu sein.

B.: Ob Sie einmal nur auf sie schauen?

I.: Jetzt sehe ich ihr Gesicht ... Von der geht etwas aus ... Wie soll ich das beschreiben?

B.: Fällt Ihnen ein Name dazu ein?

I.: (Nach kurzer Zeit): Hoffnungslosigkeit ... Ja, Hoffnungslosigkeit ...

B.: Und Ihr Gefühl?

I.: Ich will hier weg.

B.: Ob Sie sich die Gestalt noch einen Augenblick länger anschauen?

I.: Die ist nicht nur hoffnungslos. Die strahlt auch 'Lebensekel' aus. (Schweigen. Dann): Ich will hier wirklich weg! I. kehrt um, macht sich auf den Weg zum hell leuchtenden Berggipfel.

B.: (Auf der „Mitte" des Weges): Mögen Sie noch einmal zu den Sümpfen zurückschauen?

I. (nach einiger Zeit): Eigenartig: Da ist noch immer ein wenig dieses Locken.

B.: Sie wollen zurück?

I.: Nein, nein ... Ich wundere mich nur. (I. setzt seinen Weg fort. Steht schließlich am Fuß des Berges, zögert noch ein wenig, geht dann jedoch in Richtung des Gipfels. Dann): Mein Gott, ist der schön!

B.: Mögen Sie sagen, was Sie sehen?

I.(beschreibt Formen und Farben des Gipfels).

B.: Was strahlt er aus?

I.: Klarheit. Leichtigkeit. Auch irgendwie Freude.

B.: Fällt Ihnen etwas besonders auf?

I.(nach längerer Zeit): Da, wo es besonders hell ist, scheint eine Gestalt zu stehen ... Die ist ganz hell ...

B.: Vielleicht könnten Sie noch näher auf sie zugehen?

I.: Jetzt sehe ich sie deutlich.

B.: Was geht von ihr aus?

I. (schweigt lange): Das kann ich kaum fassen .. .

B.: Vielleicht fällt Ihnen ein Name auch zu ihr ein?

I.: Güte, Liebe, Freude ... ... Die meint ja mich ... (schweigt lange, ist ergriffen und tief bewegt, weint still).

B.: Lassen Sie sich Zeit, viel Zeit - und kommen Sie dann gern zurück.

3.4. BILDER DES KÖRPERS

Alles Menschliche, auch das Körperliche, bildet sich im Unbewußten ab. So zeigen sich in symbolischer Form z.B. Krankheiten, Verletzungen oder Störungen und manche ihrer Ursachen. Nicht selten werden z.B. durch den „inneren Arzt" Hinweise auf Lösungen der Probleme gegeben, die vom „richtigen" Arzt bestätigt werden und/oder ihm neue Ideen vermitteln. Ebenso zeigen sich Symbole der körperlichen Kräfte, z.B. des Immunsystems, des Energieflusses oder auch des Zusammenhangs von Leib und Seele.

Ein Beispiel:
In einer wertorientierten Imagination wandert eine Frau zur „Brücke zwischen Leib und Seele". Ihre Aufzeichnung spiegelt symbolisch in eindrucksvoller Weise deren Zusammenhang wider:

> *„Beim Gehen der Treppe in die Tiefe bemerkte ich auf einmal, daß die Stufen die weißen und schwarzen Tasten eines Klaviers waren. So fanden auch die Schritte auf **zwei Ebenen** statt - auf der erhöhten Ebene der schwarzen Tasten und der tiefer liegenden Ebene der weißen Tasten. Jeder Schritt auf dieser Treppe löste einen Begleitton aus, mal einen hohen, mal einen tiefen.*
> *Unten angekommen, stand ich vor einem ungepflügten Acker. Nach einigem Zuwarten formte sich vor mir eine große Kugel, ähnlich einem Planeten. **Im unteren Halbrund** war tiefbraun der **Ackerboden** zu erkennen. **Darüber** wölbte sich in einem zarten, pastellig hellen Blau der **Himmel**. Beim Anblick der Kugel hatte ich das Empfinden, daß sie kostbar und zart sei und dennoch beständig.*
> *Im **Ackerboden** zeigte sich nun ein **Samenkorn**. Vom **Himmel** fiel Tau auf den Acker. Da begann das Samenkorn aufzubrechen und zu sprießen. Es wuchs zu einem kräftigen braunen Baum, der gleichzeitig auch einem Menschen glich. Mit emporgestreckten Armen und dem Blick nach oben gerichtet, ragte er in das Himmelsgewölbe hinein. Als dieser **erdhafte** Mensch eine Weile so dastand, wurde er **von oben** - vom Tau - **durch-***

strömt, *und sein ganzer Körper war auf einmal silbrig 'durchfunkelt'. Dieses abschließende Bild bewirkte in mir eine Stärkung meines Seins."*

3.5. BILDER ALLGEMEIN - MENSCHLICHER ART

Es ist leicht, z.B. über die Einzigartigkeit des Menschen zu reden, jedoch so leicht nicht, diesen wesentlichen anthropologischen Gedanken *fühlbar* werden zu lassen. Es ist möglich, über Intuition zu sprechen, jedoch so leicht nicht möglich, sich das Wesen und den Grund der Intuition zu veranschaulichen. Oder: Was unbewußter Geist ist, läßt sich formal sagen, doch ihn *existentiell fühlbar* werden zu lassen, ist etwas anderes. Man kann auch die Polarität des Lebens präzise beschreiben -, was sie jedoch im Grunde bedeutet, ist schwer mitteilbar. Diese und andere Phänomene des Lebens lassen sich durch wertorientierte Imaginationen in ihrem *Wesen* veranschaulichen und erschließen, weit tiefgreifender als durch jede noch so kunstvolle Reflexion.

Ein Beispiel für eine wertorientierte Imagination zur „Einzigartigkeit":

Die Imagination wurde von einer Frau erlebt, die bereits eine Reihe innerer Wanderungen gemacht hatte. Diese Imagination ist auch ein Beispiel dafür, daß Imaginanden, die mehr und mehr mit ihrer inneren Welt vertraut geworden sind, häufig klare, einfache Bildzusammenhänge erleben:

Ich stehe in einer Schneelandschaft. Alles ist mit Schnee bedeckt (d.h.: alles ist gleich). Es schneit. Ich strecke meine Hände aus. Schnee fällt darauf.

Plötzlich sehe ich ganz klar die einzelnen Schnee-kristalle. Jedes einzelne ist einzigartig, hat eine ganz eigene Struktur. Ich bin sehr bewegt. Da kommt plötzlich ein goldener Sonnenstrahl von oben und schreibt meinen vollen Namen in den Schnee, der auf meiner Hand liegt (3 Vornamen und den Nachnamen). Ich stehe da - wer weiß, wie lange? - und staune, empfinde, fühle, be-greife ...

Immer wieder staune ich darüber, warum die meisten Imaginanden die vor Beginn verabredeten Ziele tatsäch-lich erreichen. Manchmal gelangen sie schon in der er-sten, in der Regel jedoch nach 3 - 4 Imaginationen zum Ziel. Sollte dagegen das Ziel nicht erreicht werden, kann es sein, daß das Unbewußte den „Wanderer" an einen Ort führt, der sich als noch wichtiger als der avisierte heraus-stellt. Bislang habe ich dafür nur eine „Erklärung", und sie ist seltsam genug:
Es sieht so aus, als führte die „geistige Tiefenperson" (Frankl) selbst den Imaginanden zu seinem Ziel, jedenfalls dann, wenn er sich auf seine innere Welt einläßt. Wie sonst sollte man die verblüffenden Symbolisierungen ver-stehen, die Begriffe wie Mut, Freiheit, Liebe in evidenter Weise dem „Wanderer" vor Augen stellen?

4. DIE METHODIK DER WERTORIENTIERTEN IMAGINATION

1. DER EINSTIEG

1.1. ZIELORIENTIERUNG

Vor Beginn der wertorientierten Imagination verständigen sich Begleiter und Imaginand über das Ziel der „inneren Wanderung". Wegweisend für die „Ortsbestimmungen" sind:

- der Grund für die imaginative Arbeit überhaupt (z.B. Depression) -
- der gegenwärtige „Stand" der Arbeit (z.B. Problemanalyse oder Wertorientierung) -
- die gegenwärtige Gesprächssituation (das gegenwärtige Thema) -
- die letzte Imagination -
- ein Traum aus jüngerer Zeit -
- die Ein-Fälle des Klienten oder des Begleiters -

Sollte der Imaginand mit mehreren möglichen Zielen konfrontiert sein, fragt er sich, von welchem Ziel er besonders berührt wird. Längere Reflexionen wirken sich auf den Verlauf der Imagination ungünstig aus.

Entgegen anderer Meinungen halte ich es für wichtig, in der wertorientierten Imagination aufrecht zu *sitzen*. Da aufgrund des Menschenbildes, von dem die wertorientierte Imagination ausgeht, *Sinnsuche, Wertorientierung und Entscheidung* im Mittelpunkt stehen, scheint mir das Sitzen im Gegensatz zum Liegen jene Haltung zu sein, in der der Imaginand am ehesten diese Postulate konkretisieren kann. Im übrigen wird durch das Sitzen verhindert, daß er von inferioren Gefühlen überspült wird.

1.2. „LEERUNG" DES KOPFES

Am Beginn der Imaginationen kann es sein, daß der Imaginand noch stärker mit der Außenwelt beschäftigt ist: Beim Einstieg sieht er z.B. einen ihm bekannten Brunnen, moderne Räume, „seinen" U-Bahn-Schacht. Im Lauf der Zeit jedoch begegnet er jenen Bildern, die aus der „Tiefe" aufsteigen und ihm mit Recht fremd erscheinen.

Um den Wechsel vom Bewußtsein zum Unbewußten erreichen zu können, ist es wichtig, den „Kopf" „leer" werden zu lassen (üblicherweise nicht länger als 3 -5 Minuten). Dabei können Sätze des Begleiters behilflich sein. Die Hilfen können variieren. Ein Beispiel für den Einstieg:

> Mögen Sie die Augen schließen?
> Lassen Sie die Gedanken abfließen, so gut es geht.
> Wenn Sie mögen, lösen Sie ein wenig den Unterkiefer.
> Schauen Sie sich an, wie *es* in Ihnen atmet -
> ganz von selbst atmet. (Der Atem ist ein untrüglicher Indikator dafür, ob ein Mensch in seinem Lot ist oder nicht).
> Spüren Sie einmal in Ihre Körpermitte hinein.
> Spüren Sie auch in Ihre Füße hinein - die Sohlen, die Zehen, die Ferse? etc.

Ein günstiger Einstieg wäre auch, (bei geschlossenen Augen) zunächst nur den Atem wahrzunehmen und sich bei jedem Ein-Atem weiter werden zu lassen - den Kopf, das Herz, den ganzen Leib.

1.3. EINSTIEGSSYMBOLE

Es gibt eine Reihe günstiger *Einstiegssymbole*, auf die wir den Imaginanden vor Beginn der „Wanderungen" aufmerksam machen. Die Einstiegssymbole können z.B. sein:

a) vertikal:

- ein Brunnen
- der Eingang in eine Höhle
- eine „tief in die innere Welt führende Treppe"
- (bei Erfahrenen) der Hinweis, die „inneren Arme" nach oben auszustrecken und sich in die Tiefe hinab-sinken zu lassen.

b) horizontal:

- der „innere" Horizont
- die „innere" Landschaft
- ein vor die „inneren" Augen geschriebenes Zielwort

c) Körpermitte:

Der Imaginand legt seine Hände auf die Körpermitte, läßt die Wärme der Hände in den Körper einziehen und sieht nach einer Weile, wie sich unter den Händen ein Kreis oder ein Oval formt. Dann schaut er in die Mitte des Kreises/des Ovals und „wandert" von dort aus in die „Tiefe".

Es hat sich herausgestellt, daß - in aller Regel - dieses Einstiegssymbol besonders für die „Wanderung" zu den Werten geeignet ist.

d) Bei psychosomatischen Erkrankungen ist der „Ort"
der Erkrankung der Einstiegsort, der präzise markiert
wird, und von dessen Mitte aus die „Wanderung" beginnt. Von ihm aus führt der Weg weiter zum Ursachen-
bereich. (Durch die Anregung des Begleiters, diesen
„Ort" präzise zu bestimmen, wird zudem die Loslösung
von störenden Gedanken gefördert).

Wesentlich ist von Beginn an: Nur wer sich den inneren
Bildern *öffnet*, dem erschließen sie sich. Nur wer es wagt,
ihnen zu *vertrauen*, dem zeigen sie ihre innere Wirklichkeit. Nur wer neue Erfahrungen *sucht*, dem weitet sich
die innere Welt. Nur wer *tut*, was sie ihm sagen, dem
begegnet ihre lebenswandelnde Kraft.

1.4. SCHWIERIGKEITEN UND HILFEN BEIM EINSTIEG

SCHWIERIGKEITEN:
Häufig zeigen sich bei den ersten Imaginationen Schwierigkeiten nicht nur beim Einstieg, sondern auch während
der gesamten Wanderung. Denn die Welt, der sich zuzu-
wenden der Imaginand bereit ist, ist ihm zunächst fremd,
(obwohl keine Nacht vergeht, in der er nicht den Bildern
der Tiefe begegnet).
Es kann sein,
- daß der Imaginand übermäßig *reflektiert* und *kontrol-
  liert*, z.B. ob das, was er sieht, nicht doch „bloß eingebildet" sei,
- daß er *fragt*, ob das, was er sieht, das sei, was er sehen „sollte",

- daß er *enttäuscht* ist, wenn die Bilder nicht so auf ihn wirken, wie er es erwartet hat,
- daß er *Ängste* vor dem entwickelt, was kommen könnte oder
- daß er es mit einem nicht geringen Trägheitswiderstand zu tun hat.

HILFEN:
Um den Eingangsschwierigkeiten begegnen zu können, haben sich folgende Hilfen als wichtig herausgestellt:
- Vor Beginn der wertorientierten Imagination ist es wichtig, das Ziel so präzise wie möglich zu bestimmen und zu prüfen, ob es *wirklich* gewollt wird.
- Wichtig kann sein, der Imagination eine *längere* Entspannungsphase vorausgehen zu lassen.
- Möglich ist, den Imaginanden bei geschlossenen Augen Ein-Fälle zu dem intendierten Ziel kommen zu lassen, um so das Reflektieren zu vermindern und die Motivation für die „Wanderung" zu erhöhen. Ein Bild, das ihm nach einiger Zeit einfiele, könnte der Einstieg in die Imagination sein.
- Sollten die Anfangsbilder unscharf sein, hilft es, sich zunächst nur auf die nächste Umgebung zu konzentrieren. Wichtig ist auch, so früh wie möglich die Sinne zu gebrauchen, also zu hören, zu tasten, zu schmecken, zu riechen, vor allem aber zu *sehen*, auch das Unscharfe oder Dunkle. Denn mit jeder Wahrnehmung, die nicht den kontrollierenden Gedanken unterliegt, verdichtet sich die Beziehung zu den Bildern.
- Sollte der Imaginand nur Dunkelheit sehen, kann es helfen, ihn in die dunkelste Stelle der Dunkelheit sehen

zu lassen, denn in allem, was ist, ist keimhaft das Gegenteil enthalten.

• Zeigen sich vor dem inneren Auge lediglich „Fetzen", kann es weiterhelfen, das interessante „Fetzenspiel" zu beobachten, weil dadurch die Reflexion vermindert und die Wahrnehmung der Bilder gesteigert wird.

• Manchmal zeigen sich anfangs bestimmte Hindernisse, so z.B. ein durch ein Gitter versperrter Eingang in eine Höhle. Dann gilt es, ein solches Hindernis nicht zu beseitigen, sondern zu fragen, wie es aussieht, welchen Eindruck die Umgebung macht, welches Gefühl das Gitter auslöst, ob ein Blick darüber hinaus möglich sei etc. Es kann sein, daß sich auf diese Weise das Bild verändert und/oder sich die Angst vor dem Weitergehen vermindert. Denn die symbolisierten Widerstände [30] am Anfang einer Imagination sind in den meisten Fällen Ausdruck der Angst vor dem, was kommt.

• Wichtig ist vor allem, geschehen zu lassen, was geschieht, auch die Widerstände - in der begründeten Erwartung, daß dem Unbewußten an nichts mehr liegt als daran, sich zeigen zu können.

• Sind die Widerstände am Beginn zu groß, sollte der Versuch mit ruhigen Worten des Begleiters abgebrochen werden, z.B. mit dem schlichten Satz: „Wenn Sie mögen, machen wir zunächst einmal eine Pause." Versucht man, alle Möglichkeiten auszuschöpfen, und gelingt der Einstieg trotzdem nicht, entwickelt sich u.U. eine unnötige Erwartungsangst im Blick auf die nächsten Versuche. Ein klärendes Gespräch kann zu einem Neubeginn ermutigen.

---

[30] So z.B. glitschige oder abschüssige Treppenstufen, kreischende Stimmen an den Eingängen, blauer Nebel oder Dunkelheit.

2. DIE WESENTLICHEN HILFEN

2.1.Das Unbewußte duldet keinen Streß. Daher ist es wichtig, *ruhig, aufmerksam, achtsam* zu wandern.

2.2. Kern der Methodik ist die *existentielle Auseinandersetzung* mit den Symbolen. Nicht das Handeln, sondern das *Erkennen und Verstehen* der Symbole, nicht die durch Tätigkeiten herbeigeführten Veränderungen der inneren Bilder, sondern die *Begegnung* mit ihnen, d.h. die *gefühlte Erfahrung* ihrer Gefühlskräfte, stehen im Mittelpunkt der wertorientierten Imagination. Zwar wird, wie in anderen Formen von Imagination auch, der „Wanderer" sein inneres Kind streicheln, Türen öffnen, die Perle aufheben, weitergehen etc., weil sich sonst keine Geschichte entwickeln könnte. Wann immer er jedoch wesentlich erscheinenden Bildern begegnet, gilt es, *nicht* zu machen, *nicht* zu handeln, sondern deren Gefühls- und Wirkkräfte zu *erleben* und dazu Stellung zu beziehen.
Zwei Beispiele:

> *Wenn der Imaginand vor einem Fluß steht, den er meint überqueren zu sollen, wird er kein Floß bauen, sondern in die Mitte des Flusses sehen und darauf zuwarten, daß sich ihm ein weiterführendes Symbol zeigt.*
> *Oder:*
> *Findet er sich plötzlich, an einem Seil schwebend, über einem Abgrund vor, wird er nicht künstlich das Seil verlängern oder mit einem wilden Sprung eine Felswand zu erobern versuchen -, er wird vielmehr in die Mitte des Abgrundes*

sehen und darauf zuwarten, daß sich ihm ein weiterführendes Symbol zeigt, das ihn zu neuer Begegnung herausfordert.

Die innere Welt hat eben andere Gesetzmäßigkeiten im Blick auf Zeit und Raum als die äußere. Sie denkt nicht physikalisch.

2.3. Alles Leben ist ein Netzwerk. Diese Erkenntnis wird auch im Unbewußten deutlich. Daher gilt es, sich nicht nur auf die sich zeigenden Symbole zu fixieren, sondern sich auch deren *Umgebung* anzusehen! Mit der Betrachtung der Umgebung eines Symbols beginnt dessen Erschließung.

Wie eng der Zusammenhang zwischen dem Symbol selbst und dessen „räumlicher" Umgebung ist, zeigt sich z.B. daran, daß, wenn der Imaginand sich erfolgreich mit einem „Feind" auseinandergesetzt hat, sich auch die Umgebung verändert, daß z.B. die Wüste zu blühen beginnt. (So kann die Umgebung eines Symbols auch ein wichtiger Hinweis auf den Fort-Schritt in der Imagination sein).

2.4. Besonders beim Einstieg, doch auch während der gesamten „Wanderung" ist es hilfreich, die *Sinne* zu gebrauchen, nicht nur das Sehen. Wie riecht es hier, was höre ich, kann ich z.B. den Felsen, durch den ich nach unten wandere, ertasten? Wie schmeckt das Wasser des Sees, der Höhle etc.? Wer seine Sinne gebraucht, erlebt die innere Wirklichkeit nicht nur plastischer und erlebnisnäher, er löst sich auf diese Weise auch mehr und mehr von den ihn u.U. noch immer beschäftigenden Gedanken.

2.5. Die Frage nach *Auffälligem* erhöht die Aufmerksamkeit des „Wanderers" und führt in aller Regel zur Wahrnehmung neuer Bilder und Symbole.

2.6. Begegnet er einer *Gruppe*, gleich welcher Art, fragt er nach jener Gestalt, die ihm am meisten auffällt, weil *sie* auch alle anderen symbolisiert. So wird die Auseinandersetzung mit den fremden Wesen konzentrierter.

2.7. Wann immer sich ein Symbol ausbildet, das Wichtiges bedeuten könnte, *bleibt* der Imaginand *stehen* und macht sich mit ihm *vertraut*: Er sieht es sich aufmerksam an und fragt zunächst, was von ihm ausgeht, was es ausströmt oder ausstrahlt. Weil Symbole komplex sind, erschließen sie sich weiterhin dadurch, daß der Imaginand *weiter fragt*: Ist da noch etwas -, ist da noch etwas anderes, was es ausströmt?
Danach fragt er, welche Empfindungen oder Gefühle *ihm selbst* angesichts des Symbols kommen. Auch hierbei ist es wichtig, *weiter zu fragen*: Ist da noch eine Empfindung, noch ein Gefühl? Auf diese Weise entsteht eine immer klarer werdende Beziehung zwischen dem Imaginanden und dem ihm begegnenden Symbol.
Die Drei- oder gar Vierfachfrage an das Symbol und dessen Ausstrahlung sowie die Frage nach den emotionalen Reaktionen des Imaginanden haben sich als zentrale Hilfe erwiesen, um den unterschiedlichen Gehalten der Symbole näherzukommen. Diese Doppelfrage löst auch manche interpretatorische Not, die aus der Unkenntnis lexikalischen Wissens resultiert. Es zeigt sich oft im nachhinein, wieviel das Unbewußte von dem weiß, was dem Bewußtsein an Wissen nicht verfügbar ist.

Symbole bedürfen der *existentiellen* Deutung. Wer sie nicht deutet, findet keine Beziehung zu ihnen. Wer keine Beziehung zu ihnen findet, dem erschließen sie sich nicht Bleiben Symbole verschlossen, können sie nicht integriert werden. Werden sie nicht integriert, entsteht keine neue innere Geschichte im Menschen.
Ein Beispiel zum Thema:

Der Imaginand begegnet einem Löwen und erschrickt.
Imaginand: Da steht ein Löwe!
Begleiter: Was geht von ihm aus?
I.: Kraft, viel Kraft!
B.: Noch etwas anderes?
I.: Der wirkt sehr souverän.
B.: Vielleicht noch etwas?
I.: Er scheint nicht böse zu sein.
B.: Und wie empfinden Sie ihn?
I.: Ich weiß nicht so recht. Ich möchte schon ein wenig näher auf ihn zugehen. (Geht näher auf ihn zu. Dann staunend: Der tut mir ja nichts.
B.: Empfinden Sie noch etwas anderes?
I.: Komisch, ich habe keine Angst vor ihm.
B.: Empfinden Sie noch etwas anderes?
I.: Ja, irgendwie fühle ich mich sogar stark in seiner Nähe.

2.8. Es kann sein, daß der Imaginand trotz (oder gerade wegen) seiner Bemühungen die Bilder nur unscharf oder verschwommen wahrnimmt, sie ihm wieder entgleiten und/oder keine emotionale Beziehung zu ihnen entwikkelt.

• Dann kann es helfen, den *Standort* zu *wechseln*, z.B. einen Schritt vor, zurück, zur Seite zu gehen oder im Kreis um das Symbol herumzuwandern. Dieser Positionswechsel ist keine simple Technik, sondern eine Symbolhandlung. (Auch von der äußeren Realität wissen wir, daß ein Standortwechsel, etwa eine Reise, die Dinge häufig in anderem Licht erscheinen läßt).

• Auch eine Frage, vielleicht als Anregung des Begleiters, kann wichtig sein: „Will ich wissen, was ich ahne?"

• Manchmal werden die Bilder auch klarer, wenn der Imaginand seine „innere Hand" aufs Herz legt (Man sieht bekanntlich nur mit dem Herzen gut).

• Eine weitere Hilfe besteht darin, sich mit hoch erhobenen Armen in eine tiefere Dimension, also in den Raum *unter* dem undeutlich wirkenden Raum sinken zu lassen. Man sollte sich diese kostbare Hilfe jedoch, wenn möglich, für andere Situationen aufheben: Zu meinem Erstaunen zeigte sich im Laufe der Methoden-Entwicklung, daß es einen Raum gibt *unter* der Aggression, *unter* der Angst, *unter* der Melancholie, *unter* dem Schmerz, *unter* der Sucht etc. Der Grund dafür liegt offenbar darin, daß in der Tiefe der Seele nicht die zerstörerischen, sondern die lebensbejahenden Kräfte die Vorherrschaft haben, jedenfalls dann, wenn man sie *sucht*.

• Hilfreich kann auch sein, in Richtung des Symbols die „*inneren Arme*" zu öffnen, denn wer sie öffnet, öffnet sich selbst, jedenfalls mehr als bisher. (Auch wer im „realen" Leben einem Menschen mit geöffneten Armen begegnet, schließt ihn und sich selbst für die Begegnung auf).

Ein Beispiel:

> *Ein Imaginand steht in einem runden Raum („rund" ist ein Symbol der Ganzheit; daher lassen runde Räume immer Gutes erwarten), erkennt seine Strukturen jedoch nur unklar. Er öffnet „die inneren Arme": Der Raum wird heller. Da entdeckt er an der Wand eine Kiste, doch wieder sieht er diesen Gegenstand nur undeutlich. Erneut öffnet er die inneren Arme: Eine Schatzkiste zeigt sich. Darin sieht er Perlen, doch sie berühren ihn kaum. Er ahnt, daß die Kiste noch anderes als Schmuck beinhaltet. Ein letztes Mal öffnet er die „inneren Arme" - und eine Blume, herrlich duftend und mit geöffneter Blüte, wird deutlich sichtbar. Er schaut in deren Mitte und erkennt einen weiterführenden Weg, der ihn zum Schloß führt, in dem er sein Ziel findet.*

Die Öffnung der „inneren Arme" ist auch ein Zugang zu „negativen" Symbolen. Nur ist bei solchen Gelegenheiten darauf zu achten, daß sie nicht weit, sondern nur ein wenig geöffnet werden sollten. Ist der „Wanderer" jedoch ans Ziel gelangt, tut er gut daran, die Arme ganz weit zu öffnen, um das, was er erlebt, noch tiefer erfahren zu können. (Spätestens an dieser Stelle wird dem in Imaginationen Unerfahrenen deutlich sein, daß sich methodische Hinweise solcher Art nur nachvollziehen lassen, wenn man sie selber erlebt).

• Ebenso wichtig wie die Öffnung der „inneren Arme"
ist das Schließen der „*inneren Augen*" - und *darauf zuzuwarten*, daß sich das, was dem Imaginanden nur undeutlich erscheint, mehr als bisher zeigt. Die „inneren
Augen" zu schließen bedeutet, sich mehr noch als bisher
zu vertiefen und sich noch einmal neu für das Fremde zu
öffnen und sich darauf einzulassen.

Ein Beispiel:

Ein Imaginand hat sich vergeblich bemüht, eine Gestalt,
die ihm in dunkler Landschaft begegnet, klar erkennen zu
können. Immer wieder schieben sich „Schleier" vor sein
Auge. Auch die Öffnung der „inneren Arme" bringt keine
Klarheit. Daher rege ich an, die „inneren Augen" zu
schließen. Es dauert eine Weile, bis er sich wieder mel-
det:

*Imaginand: Was ist denn das? ... Ich sehe Zelte ... lauter
fremde Gestalten ... eine Landschaft, die ich nicht kenne.
Begleiter: Fällt Ihnen noch etwas auf?
I.: Ja, ein Mann, größer als alle anderen ... der trägt
Schmuck ...
B.: Wer mag das sein?
I.: (antwortet nicht gleich, dann überrascht): „Das ist
ein Indianer! Offenbar der Häuptling.
B.: Wie wirkt er auf Sie?
I.: Er ist mir nicht feindlich ... Der hat ganz gütige Au-
gen ...
B.: Strömt er noch etwas anderes aus?
I.: Der sieht aus, warten Sie mal, der sieht auch weise
aus. So jemanden hab ich noch nie gesehen!
B.: Ich würde mich noch mehr mit ihm vertraut machen.*

I. (genießt offensichtlich die Gegenwart seines Indianers).

B.: Wie wär's? Sie könnten ihm beide Hände reichen - und darauf achten, was von ihm (dem abgespaltenen Teil) zu Ihnen herüberfließt.

I.: Nein!!! Von dem geht eine Kraft aus!

B.: Noch etwas anderes?

I.: Das kann ich kaum beschreiben ... Ja, Klarheit .. und Güte ... und - komisch - auch Weisheit ...

B.: Lassen Sie sich Zeit.

I. (nach längerer Zeit leise): Ich bin mit ihm eins geworden.

B. (nach längerer Zeit): Und was empfinden Sie jetzt?

I.: Ich bin ganz ausgefüllt von alledem...

• Manchmal scheint es trotz aller Bemühungen nicht möglich, eine Beziehung zu einem Symbol zu finden. Dann lohnt es sich, in den *Zwischenraum* zwischen sich und dem Symbol zu sehen. In den meisten Fällen zeigt sich ein neues, häufig problemhaltiges Symbol. Ein Beispiel:

Eine junge Frau, die sich in unseren Gesprächen erstaunlich vorsichtig über ihren liebesarmen, aber mächtigen Vater äußerte (ich kannte ihn), fand im Zwischenraum zwischen sich und ihm eine lodernde Feuerstraße, was zur Folge hatte, daß ihre schon lange verdrängte Aggressivität hervorbrach, nicht nur in der Imagination, sondern auch in den Gesprächen danach. (Nach wenigen weiteren Imaginationen konnten wir die Therapie gut beenden).

• Als besonders hilfreich hat sich herausgestellt, den *Körper* als Brücke zur Wahrnehmung eines zum Bild gewordenen Gefühls zu bemühen. Gleich ein Beispiel:

> *Ein Imaginand - er befindet sich auf dem Weg zum „Ort der verborgenen Heiterkeit" - sieht in einem von Blumen umrankten Kreis fröhlich spielende und singende Kinder. Er sieht sie jedoch nicht klar. Es scheint, als verdecke ein Schleier die Szene. Trotz unterschiedlicher Versuche gelingt es ihm nicht, eine unmittelbare Beziehung zu den Kindern zu entwickeln. Verständlich, daß er traurig wird.*
> *Auf meine Frage, wo im Körper sich die Traurigkeit bemerkbar mache, nennt er das Herz. Ich rege an, er möge sich dem Herzen nähern und in dessen Mitte sehen.*
> *Da sieht er traurige Szenen seiner Kindheit und setzt sich (noch einmal) mit ihnen intensiv auseinander.*
> *Schließlich nimmt er meine Anregung auf, sich die Kinder wiederkommen zu lassen, geht auf ein ihm auffallendes, besonders schön singendes Kind zu - und entdeckt sich selbst (sein inneres Kind in seiner Unverletztheit). Nachdem er mit ihm eins geworden ist, jubelt es in ihm.*

2.9. Wie im „realen" Leben, so gilt auch für den bewußten Aufenthalt im Unbewußten, daß der, der *so wenig wie möglich ausweicht*, am meisten erreicht. Wer z.B. vor einem Riesen nicht gleich davonläuft, bemerkt vielleicht, nachdem er sich von seinem ersten Schrecken erholt hat, daß der vermeintliche Feind gar kein Feind ist, sondern eine (abgespaltene) Gestalt von großer Kraft, die darauf wartet, ihm endlich zur Verfügung stehen zu können. Oder er macht die Erfahrung, daß die Gefahr zwar nicht gering ist, er jedoch nicht gleich von dem Ungeheuer vernascht wird.

Wer ausweicht, verhindert wichtige Erkenntnisse und verzögert den inneren Reifungsprozeß. Denn mit an Sicherheit grenzender Wahrscheinlichkeit zeigen sich die (zunächst) angstauslösenden Gestalten (wie in den Träumen) so lange, bis wir uns endlich mit ihnen auseinandergesetzt haben.

Ein Beispiel:

Ein intelligenter, in seiner Ausstrahlung aber bläßlicher Mann findet sich auf dem Anwesen seines gefürchteten Vaters vor. Er sieht sich als kleinen Jungen, während der Vater ihm riesig erscheint. Angst überkommt ihn. Am liebsten möchte er fliehen:

Begleiter: Sie könnten zurückgehen. Sie könnten auch auf Ihren Vater zugehen.
Imaginand: Wenn ich auf ihn zugehe, wird er mich wieder schlagen.
B.: Und wenn Sie zurückgehen?
I.: Habe ich wieder verloren.
B.: Was strahlt denn der Vater aus?
I.: Strenge.
B.: Noch etwas?
I.: Aggressionen.
B.: Noch etwas anderes?

I.: Ja, da ist noch etwas anderes, aber ich kann es noch nicht fassen.(Er schweigt, dann nach einiger Zeit): Ich bin ein paar Schritte auf ihn zugegangen.

B.: Und?

I.: Komisch, der ist kleiner geworden.

B.: Mögen Sie sich ihm noch weiter nähern?

I.: Seltsam, wir stehen jetzt voreinander und sind nun gleich groß.

B.: Sie sind jetzt kein Kind mehr?

I.: Nein, ich bin in meinem Alter, mein Vater in seinem. Nur: er ist nicht mehr größer als ich.

B.: Was empfinden Sie?

I.: Ich staune. Ich habe keine Angst mehr. Zum ersten Mal in meinem Leben habe ich keine Angst mehr vor ihm! Es wird mir sogar leicht ums Herz. Ich könnte jubeln!

B.: Tun Sie's.

I.: (schweigt, strahlt, sagt leise vor sich hin): Na, so 'was...

B.: (nach einiger Zeit): Und was geht von Ihrem Vater aus? Mögen Sie ihn anschauen?

I.: Das darf doch nicht wahr sein ... Der ist ja traurig ... Der wirkt jetzt gar nicht mehr böse. Der sieht mich ja fast bittend an ... Tatsächlich!

B.: Tatsächlich?

I.: Der ist tatsächlich nicht nur böse und aggressiv.

B.: Und Sie?

I.: (nach längerem Schweigen): Ich möchte ihn am liebsten in den Arm nehmen, aber das geht mir dann doch zu schnell ...

2.10. Eine der Haupthilfen zur Erschließung eines Symbols ist das Hineinsehen in die *Mitte*, z.B. in die Mitte eines Raumes, eines Sees, einer Blume, einer Perle. Es kann sein, daß sich dem Betrachter auf diese Weise das Wesen eines Symbols deutlicher als bisher erschließt und sich ein neuer Zugang zum ihm öffnet.

Die Mitte ist der „Ort", an dem man das, was man erkennen und erreichen möchte, am unmittelbarsten erlebt. Sie bildet die Einheit in der Vielfalt des Lebens.

Ein Beispiel:

Es handelt von einer Frau, die - entgegen dem, was sie öffentlich darstellt - ein seltsam gebrochenes Verhältnis zu sich selber hatte. Ziel der inneren Wanderung war der „Ort der Selbstliebe".

Sie beginnt ihre „Wanderung" auf einer Steintreppe, die in ein unterirdisches, tiefliegendes Gewölbe führt. Am Ende der Treppe gelangt sie in einen mittelgroßen, runden und lichtdurchfluteten Raum. Nichts stört. Der Raum wirkt klar und befreiend auf sie. Sie geht zur Mitte des Raumes. Dort findet sie eine Blume. Sie schaut in die Mitte der Blume hinein - und schweigt lange. Dann sagt sie - nach langem Schweigen: „Ich sehe mich selbst. Ich sehe mich so, wie ich mich noch nie gesehen habe. Ich sehe ein Gesicht, das ich mag" [31].

2.11. Manche Imaginanden sind wenig beglückt, wenn sie lange durch Dunkelheiten oder nicht zu enden scheinende

[31] Aus: Uwe Böschemeyer, Vom Typ zum Original, Die neun Gesichter der Seele und das eigene Gesicht, Ein Praxisbuch zum Enneagramm, Lahr 1994, S. 219

Tunnel wandern. Einige äußern, sie machten offensichtlich Fehler oder die Imagination sei für sie nicht geeignet usw. Dabei sind diese Bilder wichtig! Denn Dunkelheiten bedeuten nicht belebtes oder bedrohtes inneres Land, und Tunnel sind Durchgänge von einem inneren Bereich zu einem anderen, vielleicht belebteren oder weniger bedrohten.

Sollte nun die Dunkelheit besonders dicht und weitflächig sein, empfiehlt es sich - wir sprachen schon darüber -, in dessen *Mitte* zu sehen und durch sie hindurchzugehen. Nicht selten nämlich öffnet sich nach einem solchen Durchgang ein neuer, hellerer Weg.

Ein Beispiel:

Eine Frau, die sich vor ihren inneren Bildern ängstete und sie doch erleben wollte, sieht sich einem riesigen Dunkel gegenüber:

Begleiter: Mögen Sie stehenbleiben?
Imaginandin: Da ist nichts als Dunkelheit.
B.: Das ganze Gebiet ist dunkel?
I.: Eine Stelle ist besonders dunkel.
B.: Sie könnten zurückgehen, Sie könnten auch in diese Stelle hineingehen.
I.: Ich weiß nicht, was ich tun soll.
B.: Ob Sie einmal Ihre Hand aufs Herz legen? ... Was sagt Ihr Herz?
I.: Ich gehe auf die Stelle zu.
(Nach einiger Zeit): Die Dunkelheit wird immer dichter ... Da! Ich sehe einen kleinen hellen Schein.
B.: Nur darauf würde ich jetzt sehen.
I.: Das Licht wird immer heller... Vor mir breitet sich eine Lichtstraße aus, die bis zum Horizont führt ... Das

*ist wunderbar ... ... Ich sehe eine Gestalt. Sie kommt
langsam auf mich zu.*
B.: Was geht von ihr aus?
I.: Oh, nur Gutes.
B.: Noch etwas anderes?
*I.: Auch Warmes ... Wir stehen jetzt voreinander ...
(langes Schweigen).*
B.: Geht noch etwas von ihr aus?
*I.: Güte. Eine unbeschreibliche Güte ... (langes Schwei-
gen). Ich werde ganz durchflutet von Licht und Wärme
... und Liebe.*

2.12. Die Märchen, jene Spiegelungen der Seele, machen
es deutlich: Kein Prinz, der im fernen Schloß seine Prin-
zessin sucht, findet leicht den Weg zu ihr. Immer wieder
stellen sich ihm *Widerstände* in den Weg: Hexen und
Gnome, Monster und wilde Tiere etc., bis er schließlich
ans Ziel gelangt. Nicht anders sieht es in tiefgreifenden
Imaginationen aus.
Zunächst ist es wichtig zu erfahren, differenziert zu erfahren, was sie ausstrahlen. Dann aber kommt es darauf an,
ihnen bewußt dorthin zu folgen, woher sie gekommen
sind. Und - seltsam genug - entschließt sich ein Imaginand, seinem Widersacher zu folgen, möglicherweise
auch auf Anregung seines Begleiters hin, so geht die bedrohliche Gestalt fast immer voraus und zeigt dem
„Wanderer" seinen „Sitz im Leben". Danach entschwindet er, und neue Aufgaben werden sichtbar.
Zwei Beispiele:

Ein Mann - gehemmt, latent-aggressiv, angepaßt
wirkend - begegnet einem schwarzen Panther, der
müde, abgemagert und, entgegen üblicher Auf-

tritte dieser Tiere, aggressionslos wirkt. Der Mann folgt dem Tier. Es führt ihn durch eine Steppe zu einem erloschenen Vulkan (Symbol für erloschene Aggressivität). Das Tier entschwindet. Der Mann schaut in die Mitte des Kraters, aus dem nach einiger Zeit glühende Lava hervorbricht (Symbol für frei werdende Aggressivität).

Das zweite Beispiel:

Eine Frau steht einem Riesen gegenüber. Er klagt sie an, schleudert ihr vernichtende Urteile entgegen, bedeutet ihr, daß sie niemals eine Chance im Leben haben werde, lacht über sie etc. Sie folgt ihm. Je länger der Weg geht, desto häufiger vergewissert er sich, ob sie ihm auch folge. Mehr und mehr verliert er seine Bedrohlichkeit. Auf seinem Gesicht zeigt sich sogar Trauer. Die beiden befinden sich inzwischen in einer wüsten Landschaft, die keine Grenze zu haben scheint. Deshalb bitte ich die Frau, umzukehren. Noch einmal winkt der entmachtete Riese der Imagianandin zu, nun mit einem Gesicht noch tieferer Trauer.

Ich erzähle gerade diese Begebenheit, weil sich an ihr neben der methodischen Hilfe noch etwas anderes zeigen läßt:
1. Selbst die bedrohlichsten Gestalten verlieren häufig ihre Macht, wenn man ihren „Sitz im Leben", also ihren Ursprung, kennt. Manchmal ist die Grenzenlosigkeit der „Ort", von dem sie ausgehen, Bereiche des Unbewußten,

in denen sich ein Mensch verlöre, wagte er es, dorthin vorzudringen.

2. Es sieht so aus - darüber gibt es inzwischen zahlreiche Belege -, als ob selbst die feindseligsten Gestalten der inneren Welt darauf warteten, von ihrem Haß auf das Leben befreit zu werden.

2.13. *Orientierung gewinnen*

• Wenn der Imaginand die Orientierung verloren hat, kann es günstig sein, sich zunächst zu *setzen*, sich in aller Ruhe den Ort, an dem er sich befindet, anzuschauen und darauf *zuzuwarten* ('zuwarten' ist ein aktiver Vorgang), daß sich ihm Neues öffnet. Das klingt simpel, hilft jedoch in den meisten Fällen weiter.

Wichtig ist auch, auf das zu sehen, was in der Nähe liegt: eine vermauerte Tür vielleicht, ein unscheinbarer Weg, der in die Tiefe führt, eine Perle im Staube etc. Gegenwärtig leben - das gilt nicht nur für das Leben in der „realen" Welt.

• Manchmal zeigen sich dem Wanderer auffällige Zeichen, die offensichtlich ihm gelten. So fand eine Imaginandin auf ihrer Reise zu den „Wassern des Lebens", als sie von ihrer Seele durch zahlreiche Flüsse und Seen geführt wurde, goldene Pfeile, denen sie vertrauensvoll folgte und die sie sicher an den begehrten Ort leiteten.

• Wenn der Imaginand nicht mehr weiß, welchen Weg er gehen sollte, kann es sein, daß sich ihm ein hilfreiches Wesen zeigt, z.B. der „innere Verbündete", ein freundliches Tier, etwa ein Hund (er gilt nach Aelian als Tier des Heilsgottes Asklepios) oder im Meer ein Delphin. Der

Hund ist ja kein Hund, der Delphin kein Delphin! Die hilfreichen Wesen sind personifizierte geistige oder instinkthafte Elemente, die Leben bejahen, neues Leben suchen und/oder einen starken Drang nach Leben haben. Ein Beispiel:

> *Ein lebensmüder Mann befand sich in einer Landschaft, in der er jedwede Orientierung verloren hatte. Er verzweifelte. Da nahte sich ihm ein wohlmeinender großer Hund. Ich riet dem Mann, sich dem Tier anzuvertrauen. Es lief ihm voran und führte ihn zu einer frisch sprudelnden Wasserquelle, an der er sich nicht nur in der Imagination erholte ...*

• Wünschenswert ist, daß der Imaginand im Lauf der Zeit lernt, sich auf die Ein-Fälle des unbewußten Geistes zu verlassen. Eine vorbereitende, vertrauensbildende praktische Einübung dafür ist z.B. das Kommenlassen von Ein-Fällen zu Werten (Freiheit, Mut Liebe etc.), die dem Aufmerksamen die Tiefe, Weite und „Willigkeit" des unbewußten Geistes bewußt macht, ihm mit Ideen zur weiteren Persönlichkeitsbildung zur Verfügung stehen zu können.

2.14. *Schwierige Situationen bestehen*

Zweifellos gibt es Situationen in Imaginationen, die zunächst nicht leicht zu bewältigen sind und daher Ängste auslösen. In solchen Situationen können konkrete Hilfen Erleichterung bringen:

• Der Imaginand kann sich mit jedem *Ein-Atem* weiter

werden lassen. Findet er sich z.B. in einer engen Röhre vor, so wird er sich mit jedem Ein-Atem mehr Raum verschaffen können.

• Steht plötzlich ein Monster vor ihm, das ihm Angst einjagt, ist es hilfreich, die „innere Hand" aufs Herz zu legen oder - wirksamer noch - die Füße im Boden zu verwurzeln, sich aufrecht hinzustellen und den Kopf zu heben.

• Sollte die Angst groß sein, kann sich der Wanderer auch um 180° drehen und sich dem Gegenpol zuwenden. Hat er sich nicht gleich von dem angstauslösenden Symbol abgewandt, wird das Gegenpol-Bild entsprechend „positiv" sein. Ist er dagegen rasch vor jenem Symbol ausgewichen, wird er wenigstens erkennen, daß die Landschaft, in die er nun sieht, nicht unfreundlich ist.

Nur - diese und ähnliche Hilfen bedeuten keinen persönlichen Fortschritt, so hilfreich sie auch in einer schwierigen Situation sein mögen. Sie sind Techniken und verhindern daher eine *existentielle* Auseinandersetzung mit dem, was bedrohlich erscheint.

• Anders zu beurteilen sind dagegen die Hilfen, die von innen kommen:
Ein Beispiel:

Ein junger Mann sah, daß ein Bach mehrere Meter ausgetrocknet war. Vor und nach jener trockenen Stelle floß dagegen reichlich Wasser. Da kündigte er an, den Bach aufgraben zu wol-

*len. Sogleich erschienen 3 Gestalten und verboten ihm sein Vorhaben. Daraufhin ermutigte ich
ihn, diesem Verbot Folge zu leisten, führte ihn zu
seinem Herzen und regte an, das Herz mit jedem
Ein-Atem zu weiten.*
*Nach der Imagination bat ich ihn, die Eltern zu
fragen, ob er in frühen Jahren möglicherweise
erkrankt gewesen sei, ohne davon gewußt zu haben. Die Auskunft war verblüffend. Das Schreiben einer Ärztin, besagte, daß er als Dreijähriger
in einem „psychoseähnlichen Zustand" ins Krankenhaus eingeliefert worden sei. Die drei inneren
Gestalten hatten den Mann daran gehindert, an
etwas zu rühren, was offensichtlich besser unberührt bleiben sollte.*

Ich habe oft Anlaß, in der Begleitung von Klienten darüber zu staunen, mit welcher Aufmerksamkeit „die Seele"
in Gestalt der „geistigen Tiefenperson" dafür Sorge trägt,
daß der Wanderer der inneren Welt geschützt und gefördert wird.

• Selbst oder gerade dann, wenn der Imaginand mit
angstauslösenden Bildern konfrontiert wird, ist es wichtig, so wenig wie möglich vor ihnen auszuweichen, weil
es sein kann, daß gerade diese Bilder ihn schon lange
daran hinderten, ein volles Leben zu führen. An drei Beispielen will ich zeigen, auf welche Weise nicht technische, sondern essentielle Hilfe möglich ist.

1. Steht ein Imaginand etwa vor einem Abgrund und
weiß nicht vor noch zurück, ist es wichtig, in die *Mitte*

des Abgrundes zu sehen und darauf zuzuwarten, was sich zeigt. Häufig zeigt sich eine Gestalt „positiver" Art. Dann gilt es, ausschließlich darauf zu sehen und sich ihr zu nähern.

Ein Beispiel:

Ein krebskranker Mann, dessen Arzt mich um supportive Begleitung seines Patienten gebeten hatte, steht vor einem Abgrund. Er weiß sogleich, was er symbolisiert.

Begleiter: „Ob Sie einmal in die Mitte des Abgrundes sehen?"

Imaginand: „Da ist Helles."

B.: „Mögen Sie näher hinschauen?"

I.: „Ich sehe ein Kind."

B.: Sie könnten sich dem Kind nähern."

I.(nach einer Weile): „Das bin ja ich!" Dann erfreut: „Das bin ich mit 12!"

B.: „Wie wirkt denn das (innere) Kind auf Sie?"

I.: „Oh, der Junge ist stark, der strotzt vor Kraft. Dem geht es richtig gut."

B.: „Was wollen Sie jetzt tun?"

I. (schweigt und sagt nach einiger Zeit): „Ich hab ihn an die Hand genommen. Wir wandern durch den Abgrund. Das ist ja toll! Mit jedem Schritt, den wir Hand in Hand gehen, wird der Abgrund hell" [32].

2. Zu den gefährlichsten inneren Feinden gehört die Spinne, die ein Symbol des Selbst „in seinem negativen Aspekt" darstellt und Ausdruck ist für „das Umklam-

---

[32] Siehe dazu die erfolgreiche Imaginationsarbeit mit einer krebskranken Frau, Hannelore Unruh: Visualisation und Imagination, in: Zeitschrift des Hamburger Instituts, 4.Jg., Nr. 3, S. 6 ff.

mernde und Aussaugende"[33]. Wer sie zu töten versucht, scheitert, denn er erzeugt sogleich viele neue kleine Spinnen. Es gibt eben Mächte in der Innen- und Außenwelt, denen wir selbst nicht gewachsen sind. Das Licht[34] dagegen ist stärker als jede andere Macht.

Ein Beispiel:

Eine Frau erschrickt beim Anblick einer riesigen Spinne und weiß zunächst keinen Ausweg.

Begleiter.: Was geht von der Spinne aus?
Imaginandin: Nichts als Zerstörungslust.
B.: Noch etwas anderes?
I.: Der Tod.
B.: Noch etwas anderes?
I.: Sie will mich verderben.
B.: Sie sehen nur die Spinne?
I.: (sieht sich um, dann): Sie steht vor der Sonne, hat die Sonne zum großen Teil bedeckt.
B.: Da ist ein Teil der Sonne, den Sie noch sehen können?
I.: bejaht.
B.: Sie könnten sich nur auf jenen Teil der Sonne konzentrieren, den Sie noch sehen können.
I.: Das geht. (Nach längerem Schweigen:) Die Spinne verliert an Größe.
B.: Ich würde weiter nur auf die Sonne sehen.
I.: : Die Spinne wird noch kleiner ..., wird immer kleiner.

---

[33] Manfred Lurker, Wörterbuch der Symbolik, Stuttgert 1991
[34] Lurker, ebd.: „Licht ist in seiner Hindeutung auf das Göttliche, Immaterielle, das Gute und das Leben eines der religiösen Ursymbole der Menschheit."

B.: Wie wäre es, wenn Sie ihr jetzt dorthin folgen würden, woher sie gekommen ist?
I. (folgt der Spinne durch ein Labyrinth und bleibt schließlich am Eingang einer Höhle stehen. B. regt an, ihr nicht weiter zu folgen, da es sich hier um einen Raum handelt, zu dem ein Mensch keinen Zugang mehr habe. I. willigt gern ein. Dann sieht sie, wie die Spinne in ein in der Mitte der Höhle befindliches Feuer hineingeht und „verpufft". I. ist zutiefst erleichtert, und diese Erleichterung wirkt sich auf ihr gesamtes Lebensgefühl aus).

3. In seltenen Fällen kann es sein, daß eine bedrohliche Gestalt dem Imaginanden *nicht* zu seinem „Sitz im Leben" vorangeht, sondern ihn anzugreifen droht. Selbst in einer solchen Situation ist es wichtig, nicht gleich zu fliehen, sondern stehenzubleiben.
Ein Beispiel:

> *Ein Mann, der mich wegen seiner Aggressivität aufsuchte, mit der er sich und sein gesamtes Umfeld gefährdete, sieht sich in einer Höhle einem wilden Tier gegenüber (die personifizierte Aggressivität/ Selbstaggressivität). Der Imaginand will ihm folgen, doch das Tier folgt seinem Willen nicht. Die Situation ist für ihn prekär.*

Um seelisch gefährdeten Klienten, bei denen eine imaginative Situation solcher oder ähnlicher Art nicht ausgeschlossen werden kann, frühzeitig einen „Beistand" zu verschaffen, ist es wichtig, möglichst am Beginn der Imaginationsarbeit eine Imagination zum „inneren Verbündeten" zu machen. Der „innere Verbündete" ist die per-

sonifizierte Gestalt des Lebensdrangs, der Lebensbeja-
hung, der Selbstliebe. Er steht nicht nur verläßlich, fest
und freundlich auf der Seite des Imaginanden, er verfügt
auch über ein reiches Maß an Phantasie in schwierigen
Lebenslagen. Wer sich ihm zuwendet (!), kann gewiß
sein, daß ihm „nichts passiert". Der Fortgang der Imagination:

Imaginand: Das Tier rührt sich nicht vom Fleck ...
Begleiter: Was strömt es aus?
I.: Eine unbändige Wut.
B.: Noch etwas anderes?
I.: Reine Vernichtung.
B.: Richten Sie sich auf!
I.: Das Tier geht einen Schritt zurück.
B.: Es weicht zurück?
I.: Ein wenig nur. Ich fürchte, daß es gleich zum Sprung
ansetzt.
B.: Wenn es geht, weichen Sie trotzdem nicht aus.
I.: Das halte ich nicht mehr lange aus.
B.: Wie wäre es, wenn Sie Ihren Verbündeten kommen
ließen?
(Der Verbündete zeigt sich dem Imaginanden, stellt sich
in dessen Nähe, wirkt auf ihn beruhigend. Er handelt
nicht, strahlt „nur" Zuversicht aus und vermittelt dem
Bedrohten das Gefühl, in seiner Nähe ungefährdet zu
sein. Dann geschieht es: Das wilde Tier wendet sich um,
der Imaginand kann ihm folgen).

Sieht sich der Imaginand in einem Raum vor, aus dem es
kein Entrinnen zu geben scheint, ist es möglich, auch einmal das *Scheitern zuzulassen.* Denn das Aufgeben des
Widerstandes und damit das Eingeständnis des Scheiterns

kann eine erste *neue* Freiheit bedeuten und damit der Beginn der Wende.

3. DAS ZIEL DER WERTORIENTIERTEN IMAGINATION

3.1. Ist der Wanderer an sein Ziel gelangt, sollte er den symbolisierten Wert lange genug (2 - 4 Minuten) auf sich wirken lassen und „speichern". Häufig zeigt sich eine Gestalt, die das Ziel personifiziert. Häufig kommt es auch zur Umarmung und Einswerdung. Dabei ist wichtig, daß der *Imaginand* die ihm begegnende Gestalt umarmt, *er* sich dagegen *nicht* umarmen läßt. Denn es kommt ja darauf an, daß sich der *Imaginand* die bislang unbewußte Gefühlskraft aneignet und *er* sie integriert.

Zum Abschluß kann es gut sein, die „innere Hand" auf die Körpermitte zu legen, um den Ein-Druck des Symbols noch einmal zu vertiefen.

Nicht selten hört der Imaginand auch eine Stimme, die ihm sagt: „Endlich bist du da! Wir haben schon lange auf dich gewartet." Dieser Satz wird immer wieder von verschiedensten Menschen in unterschiedlichsten Situationen in fast identischer Form gehört.

Ein Beispiel zum Thema aus einer wertorientierten Imagination zum „Ort der Selbstannahme":

Ein depressiver Mann begegnet auf seinem Weg sich selbst in fremder Gestalt. Der andere wirkt abgerissen, niedergeschlagen, schwach, ohne Mitte.

Der Imaginand bleibt lange vor ihm stehen. Erschüttert betrachtet er sein Gegenüber, der sich

vor ihn hingekniet hat. Zugleich ist er voll Mit-
gefühl für ihn.
Da legt er dem anderen seine rechte Hand auf
die Schulter, richtet ihn sanft auf, schaut ihn
freundlich an und nimmt sich seiner an
(Selbstannahme!).
Der so Angenommene beginnt sich zu verändern.
Er behält zwar seine besonderen Eigenheiten, so
z.B. sein Abenteurertum, kommt jedoch dem Er-
scheinungsbild des Imaginanden näher. Nach ei-
niger Zeit umarmt er den anderen. Die beiden
werden eins.
Der Imaginand spürt in sich hinein und bemerkt
einen erstaunlichen Zuwachs an Kraft und Frei-
heit.

Wie erkennt man generell, ob man am Ziel angekommen
ist? Daran, daß man von dem sich am Ziel zeigenden
Symbol und der ihm entsprechenden Gefühlskraft ausgefüllt wird. Wer trotz dieser Erfahrung weiter wandert,
wird erfahren, daß die nachfolgenden Bilder an Intensität
verlieren.

3.2. Wie in der äußeren Realität, so kann es auch auf
inneren „Wanderungen" vorkommen, daß der Wanderer
bei einem „*Etappenziel*" die Imagination beendet.
Ein Beispiel:

Ein Mann will zu seinem „Zentrum". Er hat
schon viele Widerstände überwunden. Die Imagi-
nation dauert bereits vierzig Minuten. Soeben ist
er einem aggressiven Riesen bis in eine Höhle

gefolgt. Dort findet er eine aggressive Schlangenbrut vor.

Der Mann erkennt die „Schlangenkönigin" und „weiß", daß er auch ihr dorthin folgen sollte, woher sie gekommen ist. Doch seine Kräfte lassen nach. Er beendet die Imagination in dem Bewußtsein, wichtige „Etappen" seines Weges erreicht zu haben.

In einem solchen Fall ist es möglich, in einer Folgeimagination an der Stelle, an der sich der Imaginand verabschiedet hat, wieder einzusetzen. Möglich ist auch, mit einer neuen Imagination gleichen Zieles zu beginnen - in der Hoffnung, daß sich die bereits bearbeiteten Widerstände nicht wieder zeigen werden.

Wichtig ist, daß sich der Imaginand nach der Sitzung nicht gleich den „realen" Bildern des Alltags aussetzt, sondern das Zielbild noch längere Zeit auf sich wirken läßt.

3.3. Fast jede Imagination bedarf des *Nachgesprächs.* Sie ermöglicht den Übergang vom Unbewußten zum Bewußtsein.

Zunächst jedoch braucht das „Wiederauftauchen" aus der inneren Welt Zeit, ein Schweigen von 3 - 5 Minuten. Es gibt auch „Wanderungen", von denen der Imaginand so ergriffen ist, daß das Nachgespräch auf einen späteren Zeitpunkt verschoben werden muß.

Wie beim Erzählen von Träumen, so vertieft das *Erzählen* (nicht Berichten!) die gewonnenen Ein-Drücke. Manches stellt sich deutlicher dar, Fragen ergeben sich, z.B. die nach der Bedeutung von Symbolen, deren Beantwor-

tung zur weiteren Vertiefung führen kann. Außerdem hat
das Bewußtsein ein Bedürfnis nach Klärung und Verstehen, und nur dann, wenn es erfüllt wird, bleibt die Balance zwischen Bewußtsein und Unbewußtem gewahrt.

Der Imaginand sollte von Beginn an darauf achten,
- in „großen Bögen", also das Wesentliche und Wichtige, zu erzählen,
- sich den Zusammenhang der Bilder bewußt zu machen
- die thematische Mitte zu beachten,
- nach seinem Grundgefühl zu fragen,
- über die Beziehung zu anderen Imaginationen oder
  Träumen nachzudenken,
- jede Imagination *niederzuschreiben*, weil die Nieder-
  schrift noch einmal den Erinnerungs- und Deutungs-
  vorgang vertieft und auch die Möglichkeit gibt, sowohl die Fort-Schritte als auch die Zusammenhänge
  mit anderen Imaginationen zu erkennen,
- sich vor allem der Aufgabe zu stellen, wie sich das
  Erlebte ins konkrete Leben übersetzen läßt.

4. DIE ÜBERSETZUNG DER BILDER IN KONKRETES LEBEN

4.1. Wertorientierte Imaginationen sind „Wurzelbegie-
ßung". Sie beleben die „Quell- und Wurzelschicht" des
Geistes und fördern so die Weiterbildung der Persönlichkeit. Darin liegt ihre *primäre* Aufgabe. Deshalb sollte sich
der Imaginand nach den Sitzungen die wert-vollen Bilder
dann und wann wiederkommen lassen - nicht alle, nur die
ihn aufbauenden Symbole.

Hilfreich ist auch das Malen der einen oder der anderen Szene. Wichtig ist ebenso, daß er sich mit den Bildern gedanklich beschäftigt, sich ihren Inhalten stellt und so das Bewußtsein an der inneren Arbeit beteiligt.

4.2. Es gibt nicht wenige wertorientierte Imaginationen, deren Ziel gerade die *Vorbereitung* der Lösung von Problemen und Konflikten ist.
Ein Beispiel:
Einer Frau, Führungskraft in einem Wirtschaftsunternehmen, wird die unangenehme Aufgabe übertragen, in einer Betriebsversammlung die Angestellten darauf vorzubereiten, daß die Möglichkeit von Entlassungen besteht. Ihrer eigenen Auffassung nach könnten jedoch andere Hilfen greifen, um das Unternehmen zu sanieren. Verständlicherweise steht ihr diese Sitzung sehr bevor. Zwei wertorientierte Imaginationen halfen, nicht nur ihre konkrete Angst zu überwinden, sondern auch einen wesentlichen Beitrag zur Stabilisierung des Werkes zu leisten.
Der Imagination zum „*Ort des Mutes*", die für sie den konkreten „Durchbruch" brachte, ging einige Zeit zuvor eine andere, grundlegende voraus, die zum „*Ort der Verantwortung*":

> *In einer ihr fremden Landschaft sieht sie ein stehendes Reiterheer, dem ein „Hauptmann" auf einem herrlichen Pferd (Symbol für Animalität und Vitalität) vorsteht. Dieser „Mann" jedoch schaut sich ständig nach seinem Heer um und wartet auf ein Zeichen. Die Reiter wiederum warten darauf, daß er endlich die Führung übernimmt, so daß sich das Heer in Bewegung setzen kann.*

Die Frau ist über die Unentschlossenheit des Anführers verärgert. Beim näheren Hinsehen aber erkennt sie, daß sie selbst der zaghafte „Hauptmann" ist. Auf meine Anregung hin läßt sie sich die Kraft ihres „Pferdes" nahekommen und entwickelt den Mut, endlich die Führung zu übernehmen.

Diese dreifache Erkenntnis, die praktizierte Führungsschwäche einerseits, die Bewußtwerdung ihrer potentiellen Führungskraft und Verantwortungsmöglichkeit andererseits, führten zu einem tiefgreifenden Nachdenken und zu konkreten Veränderungen.

Einige Zeit später dann wurde ihr die unangenehme Aufgabe in der Betriebsversammlung übertragen, die uns zur nächsten Imagination veranlaßte.
Die weiterführende Imagination:

Schon bald sieht sie den ihr bekannten Versammlungssaal vor sich, sieht die mürrisch dreinschauenden Angestellten, sieht sich allein am Rednerpult stehen.
Begleiter (freundlich provozierend): Noch könnten Sie den Saal verlassen...
Imaginandin: Dann wäre alles verloren.
B.: Sie könnten auch in die Gesichter sehen, die darauf warten, daß Sie Ihnen etwas Konstruktives sagen.
I.: Das stimmt, die warten auf mich.
B.: Ihr Gefühl?
I.: Da ist eine gewisse Beklommenheit. Da ist aber auch Entschlossenheit.
B.: Entschlossenheit wozu?
I.: Hier nicht unterzugehen.

B.: Noch etwas anderes?
I.: Auch Entschlossenheit, für diese Belegschaft zu kämpfen.
B.: Noch etwas?
I.: Ja, eine gewisse Wärme.
B.: Wo spüren Sie sie körperlich?
I.: Im Herzen.
B.: Mögen Sie sich Ihren Herzen nähern?
I.: Das strahlt jetzt ganz viel Wärme aus.
B.: Noch etwas anderes?
I.: Auch Mut.

5. ALLGEMEINE ASPEKTE

5.1. „Schnupperkurse" sind beim Surfen angebracht, niemals aber bei Imaginationen. Es könnte nämlich sein, daß durch eine Imagination ein Problem aufgerissen würde, das nicht weiter bearbeitet werden könnte.

5.2. Die Abstände zwischen den Imaginationen sollten nicht länger als 2 Wochen dauern. Es könnte sonst sein, daß sich die anbahnende Integration wichtiger Symbole verzögert oder verhindert würde. Eine Ausnahme bildet die imaginative Arbeit, die blockweise geschieht.

5.3. Ich halte Mystifizierungen von Imaginationen (Verdunkelung des Raumes, Kerze etc.) für unangebracht, da sie auf manche Imaginanden beängstigend wirken können. Vor allem aber wäre es wünschenswert, daß Imaginationen zunehmend als selbstverständliche Akte betrachtet werden, die keiner besonderen Voraussetzungen bedürfen.

5.4. Ist ein Imaginand in einer Sitzung zur Imagination nicht motiviert, würde ich ihn dazu nicht überreden. Die Frage jedoch, ob eine Imagination begonnen werden sollten, wenn sich jemand nicht wohl oder gar krank fühlt, läßt sich nicht leicht beantworten. Einerseits könnte sie den Zustand zu verbessern helfen, andererseits könnte sie die Störung auch vertiefen (was ich nie erlebt habe). Auf keinen Fall würde ich mich auf den Wunsch nach einer Imagination einlassen, ohne selbst das Für und Wider bedacht zu haben.

5.5. Bilder spiegeln nicht immer die historische Realität wider. Nicht jeder Riesenvater, der in der Imagination den Sohn grimmig ansieht, ist so, wie der Imaginand ihn sieht. Nicht jeder Mißbrauch, der sich in der Imagination zeigt, hat Anhalt an der äußeren Realität.
Zwar kann es sein, daß Imaginationen reale Ereignisse und Erlebnisse, die verschüttet waren, wieder zum Vorschein bringen. Es kann aber auch sein, daß sie „nur" in symbolischer Gestalt wiedergegeben werden.
Ein Beispiel für die Wiedererinnerung an ein verschüttetes *reales* Ereignis:

In einem Traum bemerkt eine ältere Frau, daß ihr Auto einen Schaden hat. Da hört sie eine Stimme: „Da ist noch ein viel größerer Schaden."
Kurze Zeit später wird sie in einer Imagination von einer Bilderflut geradezu überspült. Ich empfehle ihr zu warten, bis ein Bild stehen bleibe. Dieses Bild zeigt einen Flugplatz in der Nähe ihres Heimatortes. Sie wundert sich über die veralteten Flugzeuge. Dann kommt ihr in dieser und

den folgenden Imaginationen ein grausiges Ge-
schehen wieder in Erinnerung: ein schwerer Miß-
brauch durch einen Piloten, der gegen Kriegsen-
de in ihrem Ort stationiert war. Ein halbes Jahr-
hundert hatte sie dieses Ereignis verdrängt - nun
war es ihr wieder ganz gegenwärtig.
Als sie in einer anderen Imagination den Heim-
weg von damals nacherlebte, rief sie laut aus:
„Das ist es - jetzt hab ich's. Dieses Gefühl jetzt
(vom Leben abgeschnitten zu sein) - es hat mein
ganzes Leben bestimmt."
(Glücklicherweise konnte die schwere Verletzung
aus alter Zeit und deren Folgen durch eine Reihe
weiterer Imaginationen überwunden werden).

Ein Beispiel für die Wiedererinnerung alter Not in
symbolischer Form:

Eine andere Frau beklagte ihre Beziehungslosig-
keit zu ihren Eltern. Auf der Wanderung zum „in-
neren Kind" steht sie plötzlich vor einem riesi-
gen, scheinbar unbegrenzten Platz. In der Ferne
sieht sie einen kleinen Teich, an dem ein Kind
hockt, still, unbeschäftigt. Die Frau eilt zu ihm.
In einigem Abstand bleibt sie stehen, voll Mitge-
fühl für „das arme Ding", zugleich in seltsam
ängstlicher Erregung. Auf meine Ermutigung hin
geht sie schließlich auf das Kind zu -, erkennt
sich selbst und ist zutiefst erschüttert über das
Maß an Einsamkeit, daß die Kleine, sie selbst al-
so, in früher Zeit erleben mußte.
Sie nimmt sich des Kindes an. Die beiden gehen
nach Hause. Und da beginnen die realen Erinne-

rungen an konkrete Situationen, in denen die El-
tern sie hatten vereinsamen lassen.

5.6. Wer kann nicht imaginieren?

Generell kann jeder imaginieren, denn jede Seele ist ein
grenzenloser Speicher von Bildern. Die bisherigen Erfahrungen zeigen - und sie sind selten genug -, daß der Zugang zu den Bildern nicht gelingt, wenn ein Mensch
seinsfaul ist, sich despektierlich dem Unbewußten gegenüber verhält oder sich in einer akuten Krise befindet (z.B.
dann, wenn am nächsten Tag ein Konkurs eingeleitet
werden könnte oder eine Operation bevorsteht).

5.7. Ziel wertorientierter Imaginationsarbeit ist der *ei-*
genständige Umgang mit Imaginationen. Die Erfahrung
zeigt, daß Imaginanden, die so weit wie möglich ihre
inneren Widerstände bearbeitet und sich ihren persönlichen Werten zugewandt haben, sich auf dem Weg der
Weiterbildung ihrer Persönlichkeitsbildung selbst begleiten können.
Diese Möglichkeit wird durch eine Imaginationsbeglei-
tung vorbereitet, die den Imaginanden frühzeitig dazu
herausgefordert hat, die Verantwortung für sein inneres
und äußeres Handeln selbst zu übernehmen.

6. SETTING UND FORMEN DER WERTORIENTIERTEN IMAGINATION

1. DAS SETTING

Wertorientierte Imaginationen finden sowohl in
1. *Einzelsitzungen* als auch in
2. *Gruppensitzungen* statt.
In *Einzelsitzungen* begleitet der Therapeut den Klienten, in *Gruppen* imaginieren die Teilnehmer für sich allein. Dabei ist - vor allem am Beginn der Arbeit - eine *gründliche Einführung*, verbunden mit konkreten Hinweisen, wichtig. Wer als Teilnehmer einer Gruppe in Schwierigkeiten zu kommen meint, öffnet die Augen.
Jeder Imagination - sowohl in der Einzelsitzung als auch in der Gruppe - folgt ein Nachgespräch. Gruppenteilnehmern, die ihr Ziel nicht erreicht haben, wird Gelegenheit gegeben, mit dem Begleiter eine *Nachimagination* zu machen.
Die Arbeit in einer Gruppe ist meiner Erfahrung nach besonders wertvoll, weil

* die *Tiefe* dieser Form von Selbsterfahrung eine sonst selten erlebte humane Beziehung der Teilnehmer untereinander schafft,
* durch die Nachgespräche die Teilnehmer nicht nur viel von anderen, sondern auch viel über *den* Menschen erfahren,
* die Teilnehmer die kaum für möglich gehaltene Erfahrung machen, selbstverantwortlich handeln zu können,
* die Nachimaginationen den Zuhörenden - sie hören einfühlsam mit - weitere Aufschlüsse für ihre eigene Imaginationsarbeit geben.

2. FORMEN

Wir unterscheiden 7 Formen wertorientierter Imaginationen:

2.1. Imaginationen zu *Werten*. Die Widerstände (Sinnfindungsbarrieren), die sich auf dem Weg zum Ziel zeigen, werden in der Situation bearbeitet bzw. markiert, so daß sie später bearbeitet werden können (Dauer: ca. 30 - 40 Minuten).

2.2. Imaginationen zu den *Widerständen*. Bedürfen die Widerstände aufgrund ihrer Schwere einer eigenen Imagination, so gilt dennoch, daß - so weit wie möglich - in derselben Imagination der *Gegenpol* des Widerstandes, also ein Wert, intendiert wird. (Dauer: ca. 30 - 40 Minuten).

2.3. Imaginationen zu einzelnen *Symbolen*, z.B. zum „inneren Schwert", zum „inneren Thron" oder zum „inneren Indianer". Sie beginnen in der Mitte des Körpers (Hände auf die Mitte, darunter Wärmekreis sich entwikkeln lassen, in die Mitte dieses Kreises sehen). Entscheidend bei dieser Form ist, daß sich der Imaginierende kein Schwert etc. vorstellt, sondern darauf *zuwartet*, daß sich ihm das Symbol *ausbildet* (Dauer: 20 - 30 Minuten).

2.4. Kurzimaginationen, die ausschließlich „*positive"* *Werte* intendieren, wie z.B. Freude, Heiterkeit, Fülle des Lebens, Lachen, Musik, Kreativität (Arme seitwärts nach oben ausgestreckt - Trichterform, dann darauf zuwarten, daß sich die den Werten entsprechenden Symbole *ausbilden*. Dauer: 10 - 15 Minuten).

2.5. Kurzimaginationen zur *Stärkung der Persönlichkeit* in einer schwierigen Lebenssituation. Beispiele: Der Imaginierende sieht zum Horizont und wartet darauf zu, daß „*sein stärkeres Ich*" ihm entgegenkommt. Oder: Der Imaginierende sieht zum Horizont in der Erwartung des „dritten Weges" (Symbol für eine bisher nicht erkannte Alternative zur gegenwärtigen Lebenssituation). (Dauer: 10 - 15 Minuten).

2.6. Kurzimaginationen zur *Konfliktbewältigung.* Der Imaginierende läßt sich eine konflikthafte Situation mit der dazu gehörenden Person kommen, macht sich mit ihr in der Situation vertraut und sucht nach bisher nicht erkannten Lösungen (Dauer: 10 - 15 Minuten).

2.7. Die „*Trias-Imagination*" zeichnet sich durch methodische Klarheit aus. Weil sie auf elementare Weise die beiden menschlichen Grundstrebungen verdeutlicht - Haß und Liebe - und darüber hinaus dem Imaginanden die *Konsequenzen* der Einstellung zu diesen beiden Polen nahebringt, sollte diese Form in keiner gründlichen Imaginationsarbeit fehlen.
Die Struktur:

• Imaginand und Begleiter wählen ein Thema, z.B. „Selbstvertrauen". Der Imaginand wendet sich zunächst dem „*inneren Gegenspieler*" (Haß/Selbsthaß) zu und *hört* sich an, was dieser zu dessen Selbstvertrauen zu *sagen* hat. Dabei ist nicht erforderlich, daß sich der „Gegenspieler" sogleich zeigt. In aller Regel erscheint er im Lauf seiner Rede.

• Danach wendet sich der Imaginand in die entgegengesetzte Richtung und *hört* sich an, was der „*innere Verbündete*" (Liebe/Selbstliebe) zu sagen hat. Auch er zeigt sich in aller Regel erst später.

• Schließlich begibt sich der Imaginand in die *Mitte* zwischen beiden - nimmt zunächst wahr, von welcher Seite er mehr angezogen wird - von der des Gegenspielers oder der des Verbündeten - und entscheidet sich selbst als *Person* für die eine oder die andere Macht.

Nicht selten zeigt sich der Gegenspieler als faszinierende Macht, so daß es dem Imaginanden nicht leicht wird, sich gegen ihn zu entscheiden. In einem solchen Fall ist es wichtig, noch einmal auf ihn zuzugehen und ihn mehr noch als bisher kennenzulernen. In keinem Fall habe ich erlebt, daß sich ein Imaginand danach für ihn entschieden hätte.

GEGENSPIELER   VERBÜNDETER

ICH SELBST ALS PERSON

Ein Beispiel für eine „Trias-Imagination":
Eine Frau, begabt, jedoch mit geringem Selbstvetrauen, erlebt das folgende:

1. Nach einer kurzen Entspannungsphase wendet sie sich zunächst dem „Gegenspieler" zu. Sogleich „bombardiert" er sie mit Vorwürfen: „Ausgerechnet du fragst nach Selbstvertrauen? Was hast du denn schon erreicht? Sieh doch selbst, was du zustande gebracht hast! Siehst du nicht, daß du zu nichts taugst? Du kannst nichts, du bist nichts. Sieh dir doch an, woher du kommst! Du willst aus deiner miesen Familie ausbrechen? Das wird dir nie gelingen! Du bist um nichts besser als deine Vorfahren. (Inzwischen hat sich der Imaginandin eine Gestalt gezeigt, von Dunkelheit umgeben, eine Mischung von Hexe und Monster, weit größer als sie, mit kalten Augen etc.). Weiter: „Niemals werde ich zulassen, daß du meinen Kreis verläßt. Du gehörst mir. Du kannst machen, was du willst. Finde dich damit ab, daß du ein Versager bist.“

*2. Erschüttert wendet sich die Frau vom „Gegenspieler“ ab und der entgegengesetzten Richtung zu. Eine Weile hört sie nichts. Doch der Ort, dem sie sich zuwendet, ist hell. Langsam geht sie darauf zu. Dann hört sie eine leise Stimme, die des „**Verbündeten**“:*
„Komm zu mir. Hab keine Angst. Vertrau dich mir an.“ (Eine Frauengestalt wird sichtbar. Sie trägt ein weißes, wallendes Gewand. Ihr Gesicht ist schön, vor allem aber gütig und warm. Die Imaginandin nähert sich ihr). Sie hört weiter: „Du hattest es nicht leicht. Manches mußte kommen, wie es kam. Aber du hast das Beste daraus gemacht. Darauf solltest du sehen. Ich mag dich, wie du bist. Das war schon immer so. Ich werde dich auch weiter mögen. Glaub nur: Du bist kostbar etc.“ Tief bewegt hört die Frau der Stimme zu.

3. Dann geht sie zur Mitte. Auf der Mitte einer Brücke, die über einen Fluß führt, bleibt sie stehen. Sie sieht in den Fluß hinein. Dessen Wasser ist auf der Seite des „Gegenspielers" dunkel, auf der der „Verbündeten" dagegen hell und klar. Das Gegenspielerland insgesamt ist dunkel, ausgetrocknet, mit Dornen übersät, das Verbündetenland dagegen hell, freundlich und blühend. Nun wendet sie sich dem „Gegenspieler" zu, den sie in der Ferne sieht. Er brüllt laut, droht, gestikuliert. Sie hört ihn rufen: „Es bleibt dabei: Du gehörst mir. Du hast schon allzu lange versagt. Siehst du meine Kraft? Der bist du nicht gewachsen! etc."

Mit Erschütterung stellt die Imaginandin fest, daß „irgendetwas" sie an dieser dunklen, widerwärtigen Gestalt fasziniert -, daß sie nicht gleich umkehrt, um in die Arme der „Verbündeten" zu laufen.

*Dann erinnert sie sich ihrer Aufgabe. **Sie selbst** soll entscheiden, zu welcher Macht sie gehören will: zur dunklen oder zur hellen, zum (Selbst) Haß oder zur (Selbst)Liebe. Noch wartet sie, sieht noch einmal in das dunkle Land, in dem das Hexenmonster wieder die Stimme erhebt - sieht wieder durch das blühende Land zu jener gütigen Gestalt, die nichts sagt, die nur ein wenig die Arme ausgebreitet hat. Dann „weiß" sie, auf wen sie sich einlassen will - und geht ins helle Land.*

Diese Form der Imagination, die sich auf alle menschlichen Phänomene anwenden läßt, zeigt eindrucksvoll, daß das, was unser Leben *letztlich* bestimmt, davon abhängt,

- *wie* tief wir fühlbar Einsicht gewinnen in das, was uns bedroht,
- *wie* tief wir fühlbar Einsicht gewinnen in das, was in Wirklichkeit wert-voll ist, und
- *wie* tief wir begriffen haben, was *Freiheit* ist: daß jeder Einzelne *seinen* Weg gehen kann, von welchen Voraussetzungen auch immer.

Außer den 7 Hauptformen wertorientierter Imaginationen gibt es noch andere Formvariationen, die ich hier nicht nenne, um die (hoffentlich) gewonnene Übersicht nicht unnötig zu gefährden.

7. EINSCHÄTZUNGEN DER WERTORIENTIERTEN IMAGINATION DURCH IMAGINANDEN

Auf die Frage: „Was bedeuten für Sie wertorientierte Imaginationen?", wurden mir schriftlich die folgenden Antworten gegeben. Ich habe keineswegs nur solche Imaginanden angesprochen, von denen ich eine positive Bewertung erwarten konnte. Die Texte benennen z.T. Aspekte, die bislang nicht zur Sprache kamen:

- „Die wertorientierte Imagination ist eine Möglichkeit, tiefen Zugang zu unseren inneren Bildern zu bekommen. Es zeigt sich vieles, was wir bis dahin nicht bewußt wußten oder nur erahnten. Die im Unbewußten auftauchenden Bilder und Symbole geben Aufschluß über mögliche Hindernisse, Blockaden in unserem Lebensfluß. Das Erkennen und Bearbeiten dieser Blockaden macht uns frei und stark, unsere tiefen Kraftquellen und Potentiale zu sehen, sie anzuerkennen und sie in unser Bewußtsein zu bringen und damit zu einem veränderten Handeln zu kommen.

Die Bilder und Symbole im Unbewußten haben eine stark beruhigende Wirkung auf die ganze Person. Durch das Symbol kann Unfaßbares, Zeitloses, Ewiges sinnenhaft erlebt werden. Innere existentielle Wahrheiten und Wirklichkeiten zeigen sich in den Symbolen, und diese sind in einer Vielfalt im Unbewußten eines jeden Menschen zu finden.

Das Gefühlte, Erfahrene wird durch die Sprache in den bewußten Bereich transportiert und hier als Bereicherung, Entlastung und/oder als Befreiung, ja sogar als Bewußtseinserweiterung erlebt. Noch vieles gäbe es zu sagen!

Ich persönlich wünsche jedem, von dieser wunderbaren Bereicherung der eigenen Person erfahren zu können."

• „Wertorientierte Imaginationen bedeuten für mich persönlich Zugewinn an Tiefe, Mut, Klarheit, Durchsetzungskraft, Zartheit, Liebesfähigkeit, Weisheit, Sinn, Dankbarkeit -, Vergangenheit, Gegenwart und Zukunft in der Bilderwelt, die Bezug hat zu meinen Gefühlen, Gedanken, meinem Bewußtsein und zu meinen unbewußten emotionalen und geistigen Potentialen und Blockaden. Sie eröffnen eine ungeahnte Vielfalt menschlicher Lebensmöglichkeiten und das Vordringen in Gefühle wirklicher Ganzheit und

Transzendenz. Für mich sind wertorientierte Imaginationen das therapeutisch wichtigste Mittel, um Menschen zu helfen, zur Person zu werden in ihrer besten und schönsten Form. Sie sind für mich das wichtigste therapeutische Mittel für eine neue Ganzheitstherapie."

• „Die erfahrenen Bilder in den wertorientierten Imaginationen machen mir Mut, mich auf Leben immer wieder neu einzulassen. Ich bin erstaunt über die Klarheit, die innere Ordnung, die berührende Kraft - es ist eine intensive Erfahrung, die mir Hilfen zur Veränderung auch im äußeren Leben gibt. Durch die wertorientierten Imaginationen erlebe ich mich in meinem eigenen Entwicklungsprozeß aktiv, auch wenn das reale Leben die Sinnmöglichkeiten zeitweise verstellt. Dafür bin ich sehr dankbar."

• „Dank der wertorientierten Imagination bin ich wesentliche Schritte in Richtung Selbst-Findung und Selbstwerden gegangen. Besonders erlernt habe ich die Fähigkeit, weniger als bisher der eigenen Wahrheit auszuweichen. Das gilt sowohl in der inneren als auch in der äußeren Welt."

• „Nachdem ich schon vorher einige Zeit im Kontext von Logotherapie mit inneren Bildern therapeutisch und beraterisch gearbeitet habe, habe ich die wertorientierte Imagination als besonders wirksam erfahren. Ich konnte damit nicht nur eigene gesundheitliche Probleme bewältigen, son-

dern sehr vielen Klienten sowohl bei psychosomatischen als auch psychischen Krankheiten (vor allem Depressionen) und anderen Lebensproblemen
helfen. Als besonders bereichernd habe ich die Erweiterung des Selbst-Vertrauens und die gestei-
gerte „Wertfühligkeit" bei den Klient(inn)en mit-
erlebt, auf die ja die wertorientierten Imaginationen wesentlich abzielen."

• „Wertorientierte Imaginationen haben zunächst
mein eigenes Leben tiefgreifend verändert. Dann
sind sie auch für meine therapeutische Arbeit sehr
wertvoll geworden. Der Klient findet mit ihrer
Hilfe in sich selbst die ihm *eigenen* Bilder und damit seinen ihm *eigenen* Weg. Er wird nicht von
fremden Vorstellungen befrachtet, auch nicht von
denen des Therapeuten. Wertorientierte Imaginationen fordern den Klienten heraus, aber sie
überfordern ihn nicht."

• „Wertorientierte Imaginationen sind ein Weg,
um zum inneren und äußeren Frieden zu kommen.
Sie sind die Möglichkeit, gründlich aufzuräumen.
Sie sind ein kostbares Geschenk, das zum Teilen
auffordert, das vom Ich zum Du führt."

• „Ich halte die wertorientierte Imagination für
eine wesentliche Erweiterung und Ergänzung lo-
gotherapeutischer Interventionen. Sie ermöglichen Klienten vertiefte und erfühlte Einsichten
und persönliche Erkenntnisse eigener Seins- und
Sinn-Möglichkeiten.

Für mich bedeutsam war die Begegnung mit den
Kräften am Negativpol, zu ihnen Stellung zu
nehmen und einen heilsamen Weg im und
durch das alltägliche Leben trotz dessen Bedingungen und Begrenzungen gefunden zu haben.
Das Sich-Ausrichten auf über sich selbst hin-
ausweisende Werte und das Sich-gehalten-Wissen
im Geistigen sind mir zu Eckpfeilern geworden,
die ich ohne die wertorientierte Imaginationen
nicht so klar und deutlich als Leitlinien für mein
Leben entdeckt hätte."

• „Wertorientierte Imaginationen sind für mich
der Zugang zu tief in mir geschauten und gefühlten Wahrheiten des Lebens an sich, die befreiende
Kraft in sich bergen.
Wertorientierte Imaginationen sind für mich der
wertvollste Weg der Selbsterkenntnis und dadurch der Selbstwerdung im besten Sinne.
Wertorientierte Imaginationen sind für mich *die*
Möglichkeit, den in mir wirkenden Gegenkräften
nahezukommen - die sinnverhindernden zu ent-
kräften und die sinnfördernden in mein Leben zu
bringen."

• „In den wertorientierten Imaginationen habe
ich erfahren, daß die eigentlichen Schwierigkeiten
in meinem Leben nicht von außen, sondern von
innen verursacht sind. Dies zu erkennen, ist zwar
schmerzlich, aber auch hilfreich; denn was in mir
selbst ist, das kann ich auch selbst verändern."

- „Wertorientierte Imaginationen sind und bedeuten für mich Klarheit, Erfahrung, Dichte, Konfrontation, Licht, Quellen, Intensität, Gold, Wachstum, Orchester, Tiefe, Mitte, Weisheit, Versöhnung, Gleichgewicht, Vorbeugung, Seelenhygiene, Öffner, Wecker, Befreier, Ganzmacher, Erheller, Wegweiser, Entwicklungshelfer, Aufklärer, Erkenntnisdienst, - tragende Brücke der Versöhnung, Weg zur eigenen Schatzkammer, Weg zur eigenen Wahrhaftigkeit und Weisheit, Zugang zu sich selbst, Stufen zu sich selbst hinauf, Licht in der Dunkelheit, Mut zur liebevollen Selbstannahme, Selbstverantwortung, Eigenständigkeit, heilsame Kräfte des Vertrauens, des Annehmens, der Liebe, Basis für Geist und Religiosität, für Verantwortung und Wachstum, „Umschulung" zu anderem Umgang mit Blockaden, Ängsten und Ungeheuerlichem -, Attentätern und Zerstörern Herr zu werden.

Wertorientierte Imaginationen sind der *Königsweg* sowohl für die Eigenarbeit als auch für die Begleitung anderer Menschen. Mit ihnen kann man *ganzheitlich* in Erfahrung bringen, was einen angeht: über sich selbst und über sich selbst hinaus, über die tragenden Werte und Potentiale - und die zerstörerischen Elemente des Lebens.

Wertorientierte Imaginationen sprengen die Einseitigkeit der analytischen Diagnostik und ergänzen das Kognitive, das intellektuelle Denken um die Dimension der *gefühlten Erkenntnis* - und nur so kommen persönliche Wahrheiten nah. Nur so entsteht Bereitschaft und Sehnsucht, lebensverän-

dernde Schritte zu wagen, sich Herausforderun-
gen zu stellen.
Wertorientierte Imaginationen stellen eine emotionale Intelligenz dar, deren positive Kräfte jeder,
der sich suchend auf den Weg macht, gewiß fühlen und nutzen kann, sei es zur Selbsterfahrung
und Prävention, sei es in therapeutischer Begleitung zur Krisenbewältigung psychischer, psycho-
somatischer und somatischer Natur."

• „Wertorientierte Imaginationen scheinen auf
tiefster Ebene und auf tiefstem Grund zu wirken
und zu heilen, machen den inneren Reichtum sehr
direkt, äußerst bild- und facettenreich ganz körperlich erfahrbar, stellen Verbindung zu den guten, sinn- und lebensbejahenden Kräften her, ver-
setzen mich immer wieder in großes Erstaunen ob
der völlig unerwarteten Bilder, deren Bedeutungen und „Stimmigkeiten", bezogen auf den jewei-
ligen Prozeß und das angesprochene Lebensthe-
ma, wirken auf der Handlungsebene."

• „Wertorientierte Imaginationen sind, wie andere ernstzunehmende Wirklichkeiten, lebensför-
dernd und lebensnotwendig, Lebensbegleiterin-
nen, die mir meine Wege für die nähere und ferne-
re Zukunft aufzeigen und verdeutlichen, Entdek-
ker neuer Energien und Kräfte, und zeigen auf,
wo Leben ermöglicht werden kann. Wertorientierte Imaginationen ermöglichen Geistes-
Gegenwart."

- „Wertorientierte Imaginationen sind für mich seelische Offenbarungen, die persönliche, konkret und tief fühlbare Einsichten und Ausblicke gewähren, vergleichbar mit einer sich immer wieder öffnenden Schatzkiste, die gefüllt ist mit hellen und dunklen Perlen, die es zu sortieren gilt."

- „Wertorientierte Imaginationen bedeuten für mich ein viel tieferes Kennenlernen meines seelisch-geistigen Befindens als bisher. Ich lerne dadurch meine innersten, teilweise bisher unbekannten Gefühle und Wünsche besser kennen. Durch sie ändert sich meine Einstellung zum Leben.
Ich hätte nie gedacht, wie tief mich die „Wanderungen" erschüttern. Bevor man selbst es erlebt hat, kann man es sich nur schwer vorstellen, wenn Imaginierende davon erzählen."

- „Die wertorientierte Imagination ist nach meiner praktischen Erfahrung eine sehr effiziente Methode, mit der viele Ratsuchende in oft kurzer Zeit mit den unbewußten Ursachen, die sie am Leben hindern, aber (vor allem) auch mit ihren unbewußten Potentialen, die ihr Leben fördern, existentiell in Berührung kommen und dadurch zum persönlichen Wachstum produktiv herausgefordert werden. Aufgrund ihrer hohen Wirksamkeit ist die wertorientierte Imagination aus meiner logotherapeutischen Beratungsarbeit nicht mehr wegzudenken."

- „Die wertorientierte Imagination ist für mich eine tiefgreifende Möglichkeit, in Bildern den Kräften zu begegnen, die mich ganzheitlich erfassen und mich sowohl ziehen als auch schieben, den individuellen Lebensweg zu gehen, unabhängig von Prägung und Norm."

- „Wertorientierte Imaginationen zeigen mir sonst unzugängliche Wirklichkeiten und Wahrheiten, die ich in ihrer Gültigkeit nicht hinterfragen muß, sondern die ich als „gesehen" für „gewiß" annehmen darf, ohne sie anderweitig begründen oder rechtfertigen zu müssen."

- „Wertorientierte Imaginationen bedeuten für mich sehr viel, da ich die Weisheit, den Reichtum, die Liebe und die Aufmerksamkeit der inneren Wesen nicht mehr missen möchte und sie der Zugang für mich zu ihnen sind -, eine Herausforderung sondergleichen, dieses Leben zu lieben, die Möglichkeit, in der Tiefe meiner selbst dem Leben lebendig zu begegnen -, sehr viel Hoffnung, da ich durch sie das Unbewußte in seiner unendlichen Vielstimmigkeit kennenlernen kann und weiß, daß Leben nie nur dunkel ist -, eine enorme Erweiterung meiner Möglichkeit, auf Menschen zuzugehen, denn die Vielstimmigkeit der inneren Welt belebt auch meine Sprache, meine Ideen und meinen Einfallsreichtum."

- „Durch die wertorientierte Imagination, die

mich zu einer existenziellen Begegnung mit den
inneren Bildern hinführte, habe ich entdeckt, daß
das Leben selbst gar nicht so „leer" und orientie-
rungslos ist, wie ich annahm, sondern mein Leben
eine Fülle von Möglichkeiten bietet, und es Sinn
macht, dieses zu leben.

Meine Form, Erkenntnis zu gewinnen oder über
das Leben nachzudenken, hat sich völlig verändert. Ich würde sie als erkennendes Fühlen oder
denkendes Fühlen bezeichnen, das sich durch seine starke Unmittelbarkeit, in der ich erkenne, aus-
zeichnet, z.B. Werte wie Freiheit, Liebe, Mut. Die
Werte bleiben keine unkonkreten oder abstrakten
Größen, sondern zeigen sich anschaubar einpräg-
sam und sinnlich spürbar über die inneren Bilder.
Alles gewinnt an Tiefe aus diesem anderen Erleben, und es entsteht ein viel größeres Verständnis
der Werte. Aus diesem anderen Erleben und Erkennen entwickelte sich ein anderer Umgang mit
dem konkreten Leben.

Welche inneren Bilder mein Leben bestimmen
und welchen Einfluß sie auf mein Leben haben,
ist mir erst durch das vertiefte Verständnis der
wertorientierten Imaginationen bewußt geworden. Es geschieht etwas sehr Merkwürdiges: Auf
der einen Seite wird das ganze Erleben viel per-
sonaler, alles wird in einen sehr persönlichen Bezug gestellt, woraus sich andererseits ein viel
tieferes und tiefes Verständnis auf der allgemei-
nen Ebene entwickelt. Ich würde fast sagen: Je
mehr persönliche Stellung zu den inneren Bildern
bezogen wird, die ja nichts anderes als Kristalli-
sationspunkte von Kräften sind, die unser Leben

bestimmen, umso stärker ist die Begegnung mit den Urkräften des Lebens, die wir dann über das persönliche Erleben hinaus denken können."

• Mit der wertorientierten Imagination hat sich mir ein Tor zu einer Welt geöffnet, von der ich nicht ansatzweise ahnte, daß sie in dieser Form existiert - die Welt *meiner* inneren Bilder. Die Möglichkeit, mit diesen Bildern in einen Dialog zu treten, sich von ihnen berühren zu lassen und dadurch tiefgreifende Veränderungen an sich selbst zu erfahren, ist eine einzigartige Erfahrung. Der Gegensatz zwischen der Leichtigkeit des Zugangs und der Intensität der Berührung fasziniert mich.
Ganz konkret - ich bin sicher, daß ich die Belastungen der vergangenen 2 Jahre nicht so gut durchgestanden hätte ohne die gleichzeitig aufrüttelnden und stützenden Imaginationen. Man begegnet sich selbst auf wunderbare Weise und lernt sich neu kennen.
Im übrigen habe ich zum ersten Mal in meinem Leben für mich selber Zugang zu den Begriffen 'Religion' und 'Religiosität' gefunden. 'Glaube', 'Liebe' und 'Hoffnung' erscheinen in neuem Gewand."

• „Immer wollte ich es einmal *erfahren*, daß ich angenommen bin, d.h. für mich, daß Gott auch mich liebt. Vom Wissen her war es mir ja klar, und so habe ich es auch anderen Menschen verkündet. Gleichzeitig bewegte mich die Frage in meiner Arbeit als Priester: Wie kann ich Menschen in ihrem Herzen erreichen, wie kann ich sie in ihrem Inneren treffen?

In den wertorientierten Imaginationen habe ich solche Erfahrungen gemacht. So sind wertorientierte Imaginationen für mich *der* Weg zu einer Antwort auf meine Frage.

In den Bildern *sehe* ich mein Leben aus einer gewissen Distanz und *erlebe* die Gefühle, die mich zur Änderung bewegen und zur bewußten Entscheidung bringen können. Hilfreich sind auch die Entdeckungen der verborgenen Potentiale. Wertorientierte Imaginationen sind für mich ein Weg zu erfüllterem Leben."

• Die wertorientierte Imagination führt mich an die Bilder des Unbewußten heran und zeigt mir u.a. in diesen meine typologisch bedingten Barrieren auf, z.B. meine Abhängigkeit von Vergangenem, meinen Pessimismus. Im Bild des 'Gegenspielers' und in seiner verneinenden, aber starken Stimme teilt er mir mit, daß all mein Mühen und Streben sinnlos und vergeblich ist.

Durch die mir ureigenen Bilder komme ich aber auch in Kontakt mit den in mir schlummernden Möglichkeiten. Ich sehe eine wunderbare, lebendige, kraftvolle Anima, die ihren Platz beansprucht. Es ist *meine* Anima, es ist *mein* Potental! Ich habe mich zu entscheiden, das kann ich deutlich spüren, welchen Stimmen ich Gehör schenken will: denen, die 'nein' sagen zur Ablösung vom Alten, oder denen, die 'ja' sagen zum Freiwerden.

Ich muß mich entscheiden, ob ich mich weiter
dem Sog des Mißtrauens und der Selbstzweifel
überlasse, oder ob ich die 'Orte' der Selbstbe-
hauptung immer wieder aufsuche, mich nach dem
Wert des Selbstvertrauens ausrichte und so meine
Pflicht dem Leben gegenüber erfülle, zu meiner
Personalität zu stehen."

• „Wertorientierte Imaginationen ermöglichen
den Weg zum tragenden Grund des Seins. Ich
kann mir nichts Wertvolleres vorstellen, als aus
der Mitte der Seele heraus zu fühlen, zu hören
und zu sehen.
Es sind energievolle Erfahrungen, die mich leichter und weiter werden lassen."

• „Wertorientierte Imaginationen sind für mich
die beste Möglichkeit, um unter 'kontrollierten'
Bedingungen Zugang zu den Bildern des Unbewußten zu erlangen. Immer wieder erstaunlich
finde ich dabei die unbeirrbare Logik der Bilder,
die ihrem eigenen Gesetz folgen und sich vom
Verstand nicht überlisten lassen.
Nicht immer, aber vor allem bei begleiteten Imaginationen verwandelt sich dieses „innere Kino"
zu starken Gefühlskräften, die dann auch große
und nachhaltige Auswirkungen auf meinen 'realen' Alltag und meine Einstellung haben."

• „Wertorientierte Imaginationen sind ein Geschenk und eine Herausforderung. Sie zeigen mir
ein Land von unermeßlicher Weite und Weisheit.

Dort kennt man mich, das Leben und unsere Beziehung zueinander. Hier kann ich Schätze heben, um die zu werden, als die ich gedacht bin."

- „Die wertorientierte Imagination ist ein wertvoller Weg, um mit meinen unbewußten Seiten in Berührung zu kommen. Ganz wichtig dabei ist das nachfolgende Gespräch, in dem mir bislang verborgene - und manchmal schmerzliche - Aspekte meiner Persönlichkeit bewußter werden. In den mühsamen Schritten, die neu gewonnenen Einsichten in mein Alltagsleben zu integrieren, liegt für mich allerdings der eigentliche Gewinn der Imagination."

8. INDIKATIONSBEREICH

Für wen ist die wertorientierte Imagination gedacht? Sie ist angezeigt

1. für Menschen, die ihre Persönlichkeit weiterbilden wollen -
2. für Menschen mit existentieller Frustration (Sinnmangel) -
3. für Menschen mit Beziehungsschwierigkeiten -
4. für Menschen mit neurotischen Störungen -
5. für Menschen mit irreversiblem Schicksal -
6. für Menschen, die die „Dimension der Tiefe" suchen.

- Die wertorientierte Imagination verstehe ich als *integralen* Bestandteil von Logotherapie und Existenzanalyse, als eigenständige Methode im Gesamtgefüge exi-

stenzanalytischer Logotherapie mit ihren Aspekten Therapie, Beratung und Persönlichkeitsbildung.
Manche Therapie, Beratung und Arbeit an der Persönlichkeit gelingt zwar nahezu ausschließlich mit Hilfe der wertorientierten Imagination, man darf jedoch niemals die Notwendigkeit auch bewußt-geistiger Arbeit aus dem Blick verlieren.

• Die wertorientierte Imagination ist immer dann angezeigt, wenn ein Mensch an den Grenzen seiner Kognitionen scheitert und in den emotionalen Bereich nicht vorzudringen vermag. Das gilt bekanntlich für jeden Bereich von Entwicklungsverzögerung bzw. Störung/Krankheit.

• Die Frage, ob und inwieweit die wertorientierte Imagination auch bei psychotischen Patienten einsetzbar ist, kann z.Zt. nicht hinreichend beantwortet werden. Erste vorsichtige Versuche bei Borderline-Patienten zeigen allerdings, daß bei hinreichender Ich-Stärkung die Wirkungen erstaunlich sind.

• Unter keinen Umständen sollte diese Imaginationsform dazu mißbraucht werden, mit unbewußten Bildern lediglich zu experimentieren oder sie gar als interessantes Gesellschaftsspiel zu mißbrauchen [35].

Am Beginn sind einfache Imaginationen angezeigt, um den Imaginanden mit *ausgebildeten* Bildern vertraut zu machen. Folgende Imaginationen bieten sich als Einführung an:
• Zur inneren Landschaft

---

[35] Siehe dazu III, 7

- Zum Lebensbaum
- Zum inneren Licht

Nach der Einführung gehen wir zu den themenzentrierten Imaginationen über.
Die folgenden Ziele haben sich in der Praxis bewährt. Sie stellen eine Auswahl der (bislang ca. 400 gefundenen) Möglichkeiten dar. Selbstverständlich ist, daß die Ziele auf die jeweilige Person abzustimmen sind und ggf. durch andere ergänzt werden müssen.

8. 1. WERTORIENTIERTE IMAGINATIONEN ZUR PERSÖNLICHKEITSBILDUNG

Zielorientierung:
- Zum „Ort der verborgenen Sehnsucht"
- Zu den verborgenen Wünschen

Problemorientierung:
- Zum inneren Kind (zum verletzten)
- Zu den verborgenen Schmerzen
- Zum „Ort des ungelebten Lebens"
- Zum unbekannten Raum
- Zum „kleinlichen Ich"

Wertorientierung:
- Zu den verborgenen Lebenskräften
- Zur Eigenständigkeit / Selbstbestimmung
- Zur Freiheit gegenüber den Dingen
- Zu den Quellen des Wachstums (für die Person wichtige Werte)
- Zum ursprünglichen Bild („Wesen")

- Zum inneren Zentrum („Wesenskern")
- Zur Liebesfähigkeit
- Zum „Ort des Gereiftseins"

Ein Beispiel für eine Imagination zur „Freiheit gegenüber den Dingen": Sie wurde von einer in wertorientierten Imaginationen erfahrenen Frau erlebt:

> *Auf einem Hochplateau über einer weiten Landschaft begegne ich 'meinem' Indianer(Symbol für ein gelingendes Zusammenspiel von Natur und Geist). Er sagt: „Wende dich nach Osten!" Ich wende mich nach Osten und erlebe dort den Sonnenaufgang. Ich spüre diesen Sonnenaufgang als Symbol für das **Leben**, für den Beginn des biologischen Lebens.*
> *Dann sagt der Indianer: „Wende dich nach Westen!" Ich wende mich nach Westen und erlebe dort den Sonnenuntergang. Ich empfinde diesen Sonnenuntergang als Symbol für den **Tod**, als das Ende des biologischen Lebens.*
> *Der Indianer sagt: „Wende dich nach Norden!" Ich wende mich nach Norden und empfinde dort den Tod als Starre, als Kälte: Dieser Tod hat die Qualität des „**Todes** mitten **im Leben**".*
> *Dann sagt der Indianer: „Wende dich nach Süden!" Ich wende mich nach Süden und empfinde dort das Leben als **Wärme und Fülle des Lebens**.*
> *Dann sagt der Indianer: „Wende dich nach oben!" Ich wende mich nach oben und empfinde*

*dort das Leben als Liebe, als **göttliches Leben**, als Ewigkeit.*

*Nun sagt der Indianer: „Wende dich nach unten!" Ich wende mich nach unten und empfinde dort den **Tod als Finsternis und Vernichtung**.*

*Alle diese Richtungen zeigen sich mir als Achsen, die mitten durch die Erdkugel gehen. Der Indianer sagt: „**Verlier dein Herz an keine dieser Richtungen**. Wenn du dein Herz bewahrst, bist du in deiner **Mitte** und frei, dein Leben zu gestalten."*

Nun zeigt sich der Schnittpunkt der Achsen als leuchtende Kugel, von der Stärke und Energie ausgeht. Ich werde von dieser Mitte angezogen und spüre ihre Ausstrahlung in meinem Herzen. Ich bin zentriert und fühle, dort ist meine Kraft.

8.2. WERTORIENTIERTE IMAGINATIONEN BEI EXISTENTIELLER FRUSTRATION

Zielorientierung:
- Zum „Ort der verborgenen Sehnsucht"
- Zu den verborgenen Wünschen

Problemorientierung:
- Zum „Ort der Frustration"
- Zur inneren Leere
- Zum „Ort der Sinnlosigkeit"
- Zu den alten Verletzungen
- Zum stärksten Widerstand
- Zum „kleinlichen Ich"

Wertorientierung:
- Zum inneren Kind (zum unverletzten)
- Zu den früheren Sinnfeldern (zur Evozierung des vertrauten Sinngefühls)
- Zu den wartenden Werten
- Zum wartenden Leben
- Zum inneren Schwert
- Zu den unverbrauchten Lebenskräften
- Zum „Ort der Selbst/Verantwortung"
- Zur Freiheit/Liebe/zum Mut
- Zur Selbstbestimmung

Ein Beispiel für die Imagination zum *„Ort der wartenden Werte"*: Diesen „Ort" erlebte ein junger Mann, der wenig von seinen künstlerischen Fähigkeiten wußte.

> *„Noch in dem Moment, als ich meine Augen schloß, sah ich einen golden leuchtenden Höhleneingang. Vor mir stand ein kleiner Junge, der mir zuwinkte und vor Freude hüpfte (das unverletzte, innere Kind). Ich trat in die Höhle ein und ahnte schon, daß sich eine enorme Kraft anbahnte. Links über mir verliefen zwei Rohre: in einem lief mein Blut, im anderen eine lavaähnliche Substanz. Eine goldene Treppe führte tief hinunter in eine erleuchtete Zirkusmanege. Auf dem Weg dorthin begegnete mir ein kleiner, schwarzer Gnom, der mich von meinem Ziel ablenken wollte. Er streckte die Zunge 'raus und hüpfte vor mir her. Eine Weile richtete ich meinen Blick auf ihn, woraufhin er in sich zusammenfiel.*

Ich trat in die Manege ein. In ihrer Mitte saß eine Christusgestalt, und in den Zuschauerrängen waren viele andere leuchtende Gestalten. Mir war, als wären es meine 'Werte', die ich jederzeit in die Manege hätte holen können. Aber: da saßen auch zwei oder drei dunkle Gestalten. Um sie kennenzulernen, mußte ich noch weitergehen:

Der Boden öffnete sich, und ich stieg in eine Gruft. Es war ein dunkler Raum mit lauter leeren Särgen. Der Inhalt der Särge war „auferstanden". Sie standen wie leere Hülsen vor mir. In der Mitte des Raumes lagen Knochen. Es ging aber nichts Bedrohliches von dem Szenario aus. Doch dann merkte ich, daß ein Sarg noch nicht geöffnet war, was sich aber sogleich ereignete. Aus ihm stieg das Wort „**Kunst**" auf.

Mir wurde ein Kittel umgelegt, und in meinen Händen hielt ich Farbtafel und Pinsel. Auch hatte ich einen flachen Hut auf.

Vor mir öffnete sich eine Tür, und ich trat in den Raum der Kunst, in dem ich selber der Künstler war. Als erstes **malte** ich in goldener Schrift meinen Namen an die Wand, und dann ging es richtig los: Ich malte und malte, **modellierte** eine Frauenstatur, schrieb **Gedichte**, hörte **Musik**, **tanzte** und saß dann, gekleidet wie Luther in seinem Turm, vor einem Schreibtisch und **schrieb Bücher**. Vor mir hing Rembrandts Bild: „Die Rückkehr des verlorenen Sohnes".

Hinter mir bemerkte ich dann, wie eine göttliche Gestalt ihre Hand auf meinen Rücken legte. Eine warme und kaum auszuhaltende Kraft durch-

strömte mich. Gott sagte, daß er am Ende auf mich warten würde.
*Der Raum der Kunst hatte nun eine offene Seite, der ich mich zuwandte. Rechts neben mir stand ein Löwe (er strahlte **Mut** aus), links von mir Buddha (er strahlte **Weisheit** aus) und Christus (er strahlte **Liebe und Güte** aus). Mit diesen Kräften an meiner Seite stand ich vor einem langen, unbeschriebenen und noch zu gestaltenden Weg. Es war mein Leben, von dessen Ende her mich starke **Hoffnung** anzog. Aus der Hoffnung kam ein weißer Vogel auf mich zugeflogen (Symbol für Geistiges), der sich auf meine Schulter setzte. "*

Ein anderes Beispiel: Mein junger Freund - er stand kurz vor dem Abitur - war zutiefst von der Schule und den damit verbundenen Mühseligkeiten frustriert.
Die folgende Imagination, die ihn mit seinem *„inneren Schwert"* vertraut machte, wirkte auf ihn äußerst befreiend. (Die Wirkungen der Imaginationen zu diesem Ziel sind immer wieder verblüffend. Nach meinen bisherigen Erfahrungen wirkt das Schwert selten militant; es symbolisiert vielmehr Kraft, Souveränität, Durchsetzungsvermögen, Erkenntnis. Vor allem aber zieht es den Imaginanden mit erstaunlicher Sicherheit zu jenen inneren „Orten", die verletzt wurden und/oder entwicklungsbedürftig sind - und wirkt dann „heilend"). Die folgende Imagination zeigt eindrucksvoll, wie der junge Mensch vor dem Bestehen seiner *formalen* Reifeprüfung zunächst einmal die *innere* Reifeprüfung zu bestehen hatte:

*In einem größer werdendem roten Kreis mit gol-
denen Rändern sah ich das Schwert. Es war ein
Zweihänder, doch ich konnte es mit einer Hand
halten. Der Knauf war von schlichter Form. Die
Klinge schimmerte rötlich und bläulich. Ich
fühlte Fremdheit und zugleich Vertrautheit.*

*Nun ging ich durch einen dunklen Gang, doch
das Schwert leuchtete und führte mich zu einer
Kugel, in welcher ich eine Gestalt erblickte, die
ich anfangs nur undeutlich sah. Auf sie zuge-
hend, sah ich ein verzerrtes Abbild von mir
selbst. Das „Abbild" war dunkel, etwas kleiner
als ich – wie auch sein Schwert, welches schwarz
war. Mein Schwert legte sich auf seine Schulter,
jedoch nicht aus Bosheit, sondern um ihn zum
Ritter zu schlagen.*

*Die Gestalt sank auf die Kniee, weinte. Nach ei-
ner Weile hörte sie auf zu weinen, schien unter
dem Gewicht meines Schwertes nicht mehr be-
drückt, sondern richtete ihren Rücken auf. Auch
ihr Schwert wurde größer und war nicht mehr
schwarz. Schließlich stand die Gestalt auf, stand
mir gegenüber. Ihr Blick war voll Dankbarkeit,
und sie glich nun immer mehr mir selbst, bis ich
uns nicht mehr richtig unterscheiden konnte.
Auch unsere Schwerter ähnelten sich immer
mehr. Wir wurden immer mehr eins. Wir um-
armten uns, und nach einer Weile waren wir eins.
Ich hielt zwei Schwerter in der Hand, doch bald
verschmolzen auch sie ineinander. Die Klinge
wurde noch ein wenig größer und leuchtete nun
golden. Innerlich ausgefüllt, hielt ich das Schwert
hoch.*

Dann führte mich die Klinge noch tiefer. Nach einem Zögern erkannte ich, daß ich in meinem Klassenzimmer stand. Es war kalt, staubig und dunkel. Die Fenster waren vergittert, so daß kaum Licht in den Raum dringen konnte. Nur von meinem Schwert ging wirkliches Licht aus. Vor der Tür hing ein schweres Schloß, und die Wände schienen mich zu erdrücken. Ich fühlte mich eingesperrt und wollte alles einschlagen.

Da bewegte sich das Schwert in meiner Hand langsam auf eine Wand zu, die kein Fenster hatte. Die Schwertspitze berührte nun ganz leicht die Wand - und das ganze Klassenzimmer, alles brach zusammen.

*Ich stand auf einer grünen Wiese, und ein Wind wehte den Staub davon. Das Schwert führte mich über die Wiese zu einem großen Baum. In der Wurzel des Baumes befand sich eine Höhle. Ich ging hinein und stand in einer Schmiede. Mir gegenüber stand ein Schmied. Er hatte große Muskeln und war beinahe zweimal so groß wie ich. Er blickte friedlich und zugleich voll stolz auf das Schwert – als hätte er es gemacht. Er bedeutete mir, **ich** solle das Schwert ins Feuer legen und selbst **weiterschmieden** ... Als die Klinge glühte, schmiedete ich das Schwert weiter. Es wurde noch breiter und scharfer. Als ich es abgekühlt hatte, war die Klinge so glatt, daß sich meine Augen in ihr spiegelten. Meine Augen strahlten Zufriedenheit, vor allem Staunen aus. Das Leuchten des Schwertes hatte sich gewandelt. Es leuchtet nun mehr von innen, das Leuchten kam tiefer als zuvor aus der Klinge.*

Danach wurde ich von dem Schwert auf eine Ebene geführt. Ich hatte ein Gefühl völliger Gewißheit, daß das Schwert nun fertig war. **Nun war es mein Schwert.** *In der Klinge konnte ich* **meinen Namen** *lesen.*

Ich fühlte Vertrauen und tiefe Zufriedenheit. Das Schwert drehte sich langsam im Kreis, wie um mir zu zeigen, daß nichts außer dem Schwert und mir auf der Ebene war, absolut nichts, und wie um mir zu zeigen, daß das Schwert der Mittelpunkt der Ebene war. Ich fühlte mich sicher – es gab keine Bedrohung.

Ich stellte das Schwert auf die Spitze. Kurz darauf setzte sich eine Taube auf den Knauf meines Schwertes. Die Taube war ganz weiß. Sie strahlte **Weisheit** *und vor allem* **Kindlichkeit** *und* **Frische** *aus. Ich war allein, aber nicht einsam. Ich fühlte ganz einfach, war einfach da.*

8.3. WERTORIENTIERTE IMAGINATIONEN BEI BEZIEHUNGSSCHWIERIGKEITEN

a) allgemein:

Problemorientierung:
- Zum Raum der Projektionen
- Zu den verborgenen Ängsten
- Zur Aggression / Selbstaggression
- Zur Selbstablehnung
- Zu den eigenen Schwächen
- Zum „Ort" des Mangels an Liebe
- Zum „kleinlichen Ich"

Wertorientierung:
- Zum Selbstvertrauen
- Zum Stehvermögen
- Zur Großzügigkeit
- Mein „stärkeres Ich" kommt mir entgegen

Ein Beispiel:
In einer Krisensituation „wandert" eine Frau ihrem „stärkeren Ich" entgegen:

Unsicher schaut sie zum Horizont und geht ihm langsam entgegen. Nach einiger Zeit sieht sie aus der Ferne eine Gestalt, die flotten Schrittes auf sie zukommt. Sie selbst bleibt stehen. Die Gestalt nähert sich ihr und bleibt schließlich auch stehen.
Die Imaginandin staunt: Da steht eine Frau vor ihr, die aussieht wie sie und doch ganz anders als sie wirkt. Sie trägt einen weitkrempigen Hut und ein buntes, wallendes Kleid. Ihr Gesicht strahlt Leichtigkeit aus, Fröhlichkeit und Stärke.
Auf meine Anregung hin reicht die Imaginandin der „Fremden" beide Hände und spürt schon rasch, wie deren Leichtigkeit, Fröhlichkeit und Stärke in sie ein- und durch sie hindurchfließen. Dann werden die beiden eins.
Was mit ihr geschieht, kann sie kaum fassen. Und doch ist das, was sie erlebt, so real, daß sie verändert in die nächsten Tage geht.

b) Partnerschaft

Problemorientierung:
- Zum „Ort der ersten Liebe"
- Zum „Ort der verlorenen Liebe"
- Zum „Ort der unbewußten Konflikte"
- Zur inneren Weiblichkeit/Männlichkeit
- Zum Projektionsraum
- Zum „kleinlichen Ich"

Wertorientierung:
- Zur „Glut unter der Asche"
- Zum „Ort der ungelebten Möglichkeiten"
- Zum „Ort der notwendigen Verantwortung"
- Zum „Ort der tieferen Liebe"
- Ich *sehe* meine Partnerin/meinen Partner
- Meine Partnerin/mein Partner kommt mir entgegen

Ein Beispiel:
Ein Mann, der seine Frau wegen einer anderen verlassen hat, kommt mit dem Getrenntsein nicht zurecht. Er bringt vieles gegen sie vor. Trotzdem wird er „das Gefühl nicht los", mit ihr noch nicht am Ende zu sein. Nach langen Gesprächen, in denen wir so differenziert wie möglich die Problematik besprochen haben, bitte ich ihn, sich zu entspannen, die Augen zu schließen und sich *das innere Bild seiner Frau* kommen zu lassen.

Er schweigt lange, macht sich mit dem Bild vertraut, läßt es auf sich wirken. Ich bitte ihn, so wenig wie möglich zu denken und Ein-Fälle zu dem Bild kommen zu lassen, die er nicht als gan-

ze Sätze zu formulieren brauche. Dann äußert er - und läßt sich viel Zeit zwischen den Worten und Sätzen:
Fremd und doch vertraut - Wehmut - auch Erleichterung, daß ich weg bin - sie ist mir zu stark - eigentlich ist auch sie sehr schön - sie zieht mich noch immer an - sie weiß, was sie will - Schuldgefühl, sie verlassen zu haben - fühle mich klein - sie ist zu groß - komisch: da ist ganz viel Wärme in ihren Augen - sie nimmt mich ernst - ich kann's nicht fassen: sie will mich noch immer - sie hat Format - mir wird ganz warm ums Herz - ich kann nichts dagegen tun - ich glaube, ich liebe sie noch immer.

Nachdem wir über seine Ein-Fälle gesprochen haben, begleite ich ihn bei einer wertorientierten Imagination, um ihn tiefer noch als bisher finden zu lassen, wie er in Wirklichkeit zu seiner Frau steht. Das Ziel: der „Ort der tieferen Liebe".

Über eine Wendeltreppe steigt der Mann tief in seine innere Welt hinab. (Was er sieht und noch sehen wird, sieht und erlebt er plastisch und unmittelbar). Nach einigen Minuten gelangt er in einen runden, in fast zu warmes Licht getauchten Raum. Ein betörender Duft empfängt ihn. Betörend ist auch die Musik, die sich von den Wänden zur Mitte hin verdichtet.
Und in der Mitte tanzt sie, Anja (die Frau, deretwegen er seine Frau verlassen hat). Sie trägt ein traumhaft schönes Kleid, in dem sich Licht und Musik zu verfangen scheinen.

Mit anmutigen Bewegungen winkt sie ihm zu, lächelnd, graziös, unwiderstehlich. Und er - er kann nicht anders: Er geht, nein, er wankt auf sie zu, bleibt vor ihr stehen und läßt sich von ihrer Schönheit verzaubern. Er ist von ihr hingerissen. Lächelnd nimmt sie ihn und tanzt in weit ausholenden Schritten mit ihm einen Walzer, der von den Wänden widerhallt. Zunächst scheint es, als würde es der schönste Tanz seines Lebens. Dann wandelt sich ihre Gestalt. Sie wandelt sich zur Zauberin. Noch immer scheint es, als liebe sie ihn. Noch immer fließt er zu ihr hin. Doch in dem Augenblick, in dem sie ihn um seine eigene Achse wirbelt, durchfährt ihn ein fremdes Gefühl. Er erschrickt, bricht den Tanz ab, tritt einen Schritt zurück und mustert sie. Daraufhin sinkt sie in sich zusammen und löst sich auf.

In diesem Augenblick verändert sich auch der Raum. Er wird hell. Die Sonne taucht ihn in ein klares Licht. Und plötzlich „weiß" er, daß er auch den unter diesem Raum gelegenen Ort aufsuchen muß. Er findet ihn. Auch dieser Raum ist rund und in Licht getaucht. Doch dieses Licht hat eine angenehmere Wärme als das im oberen Raum. Er bleibt am Eingang stehen und hat das Gefühl, am Ziel zu sein.

Dann sieht er sie. Sie steht in der linken Ecke des Raumes. Sie lächelt ihn an, deutet an, daß sie die Arme ausbreiten könnte, und geht ihm entgegen. Einen Augenblick zögert er. Dann geht er auf seine Frau zu. Sie stehen voreinander, schauen sich an, reichen sich die Hände. Und er sieht: Sie stehen auf gleicher Höhe.

Ein lange nicht mehr erlebtes Glücksgefühl durchzieht ihn. Er weiß, was er zu tun hat [36].

8. 4. WERTORIENTIERTE IMAGINATIONEN BEI NEUROSEN

Was für wertorientierte Imaginationen insgesamt gilt, gilt im besonderen in der Arbeit mit neurotischen Patienten/ Klienten. Sie ersetzen nicht das therapeutische System, sondern sind dessen integraler Bestandteil. Wichtig ist vor allem, daß im Anschluß an die nun folgenden Imaginationen die Frage nach der Übersetzbarkeit in das konkrete Leben ernstgenommen wird.

a) ANGST

Zielorientierung:
- Was wäre, wenn ich frei von Ängsten wäre? (Ein- Fälle, Assoziationen, Bilder kommen lassen; von einem geeigneten Bild aus die Imagination beginnen).

Supportive Imaginationen:
- Zum „inneren Verbündeten"
- Zum schützenden Raum
- Zur sicheren Insel

Problemorientierung:
- Zum unbekannten Raum
- Zu den unbekannten Fesseln

---

[36] Aus: Uwe Böschemeyer, Und jetzt bin ich wieder allein, Hoffnungen und Chancen nach der Trennung, Stuttgart 1998, S. 115 ff.

- Zum „Vorhof" der Angst
- Zum „Ort der Angst" und deren Quelle
- Zum „Vorhof" der Aggression / Selbstaggression
- Zum „Ort der Aggression / Selbstaggression"
- Zum „inneren Gegenspieler"

Wertorientierung:
- Zum „Raum unter der Angst"
- Zum „inneren Schwert"
- Zum verborgenen Mut
- Zum „Vorhof" der Freiheit
- Zur Freiheit
- Zum „Ort der Eigenständigkeit"
- Zum „Ort des Geliebtwerdens"
- Zur verborgenen Liebesfähigkeit
- Zum inneren Zentrum.

Ein Beispiel (Kurzfassung) aus einer Therapie:

*In einer ihrer ersten Imaginationen „wanderte"
ich mit einer jungen Frau, die unter Panikattak-
ken litt, zum „Ort der Angst". Schon bald nach
dem Einstieg geriet sie in diffuse Ängste. Ein
Bild jagte das andere. Durch unser dichtes Gespräch gelang es ihr, nicht auszuweichen.
Als die Bildfolge sich verlangsamte, erkannte sie
Raubkatzen, Heere von Schlangen, ekelerregen-
des Gewürm etc. Schließlich tauchte eine Teu-
felsgestalt auf, die sich ihrer bemächtigen wollte.
Auf meine Anregung hin ließ sie ihr „inneres
Schwert" kommen, das sie schon kannte. Ich riet
ihr, dessen Knauf fortan fest in der Hand zu be-*

halten. Das hatte zur Folge, daß sie Schritt um Schritt auf die sie bedrohenden Wesen zugehen und sie „studieren" konnte. Nach wie vor waren sie ihr unheimlich, zugleich aber entdeckte sie, daß sie ihnen nicht ausgeliefert war. Ihr wurde deutlich: Die angstauslösenden Gestalten waren das eine, das andere war die Erfahrung, daß es Möglichkeiten gab, ihnen gegenüber standfest bleiben zu können.

b) DEPRESSION

Zielorientierung:
- Was wäre, wenn ich frei wäre von meiner Niedergeschlagenheit? (Ein-Fälle, Assoziationen, Bilder kommen lassen; von einem geeigneten Bild aus die Imagination beginnen).

Supportive Imaginationen:
- Zum „inneren Verbündeten"
- Zum kleinen, grünen Land
- Zur Sonne hinter den Hügeln

Problemorientierung:
- Zum inneren Druck
- Zur „Ort der Depression" und deren Quelle
- Zum „Vorhof" der verborgenen Wut
- Zum „Ort der gestauten Wut"
- Zum „Ort der Angst"
- Zum „inneren Gegenspieler"

Wertorientierung:
* Zu den verborgenen Lebenskräften
* Zum „Ort der Eigenständigkeit"
* Zur „Ort der Selbstbestimmung"
* Zum „Ort der verborgenen Freiheit"
* Zum „Ort der verborgenen Freude"
* Zum ursprünglichen Bild
* Zum verborgenen Kern
* Zum inneren Zentrum
* Zum inneren Halt

Ein Beispiel (Kurzfassung) aus einer Therapie: Ziel war der „Ort der Selbstbestimmung".

Eine depressive Frau nähert sich einem Schloß. Schon von fern erkennt sie, daß es sich in einem verwahrlosten Zustand befindet. Auf meine Frage, was es in ihr auslöse, sagt sie leise: „Das ist mein Schloß." Darum drängt es sie, es sich von innen anzuschauen.

Offenbar ist das Schloß schon lange unbewohnt. Nicht einmal ein Tier begegnet ihr. Nach einigem Suchen findet sie den Thronsaal. Auch er macht auf sie einen trostlosen Eindruck. Der Thron z.B. ist völlig verstaubt. Sie läßt sich viel Zeit, um den Saal, der einmal das Prachtstück des Schlosses war, auf sich wirken zu lassen.

Nach einiger Zeit frage ich sie, ob sie sich einmal trotz des Staubes auf den Thron setzen möchte. Sie zögert, sagt, der sei doch nicht für sie, sie sei doch keine Königin etc. Schließlich setzt sie sich,

nachdem ich sie darauf aufmerksam gemacht ha-
be, sie sei doch in ihrem eigenen Schloß.
Da geschieht etwas Seltsames: der Saal beginnt
sich zu verändern. Licht strömt ein, die Luft wird
frisch, der Staub löst sich auf, die Farben werden
hell, Menschen strömen hinein. Und die Frau?
Sie staunt, spürt starke Kräfte in sich aufsteigen,
sitzt aufrecht auf dem Thron (Symbol für Selbst-
bestimmung), läßt zu, daß sich die fremden Men-
schen (eigene innere Entitäten) freundlich um sie
scharen. Wieder läßt sie sich Zeit, nun aber, um
ihr neues Daseinsgefühl auf sich wirken zu las-
sen. Mit verändertem Gesicht verläßt sie die
Imagination.

c) ZWANGSNEUROSE

Zielorientierung:
- Was wäre, wenn ich frei wäre von den Zwängen?
  (Ein-Fälle, Assoziationen, Bilder kommen lassen; von
  einem geeigneten Bild aus die Imagination beginnen).

Supportive Imaginationen:
- Zum „inneren Verbündeten"
- Zum inneren Licht

Problemorientierung:
- Zum inneren Druck
- Zu den Spannungen im Kopfbereich (Wahrnehmung
  des Spannungsfeldes, Mitte des Feldes wahrnehmen,
  von hier aus u.U. zur Quelle der Spannungen weitergehen)

- Zum „Ort der Zwänge" und deren Quelle
- Zum inneren Kind
- Zu den alten Verletzungen
- Zum „Ort der Schuldgefühle"
- Zur (Selbst-)Ablehung,
- Zur verborgenen Wut
- Zum (Selbst-)haß
- Zur Selbstbestrafung
- Zum inneren Staatsanwalt
- Zum „inneren Gegenspieler"

Wertorientierung:
- Zum verborgenen („guten") Gewissen
- Zum „Ort" des Geliebtwerdens
- Zum „Ort": Ich darf sein
- Zum „Ort" der Selbstbejahung
- Zum „Vorhof" der Freiheit
- Zum „Ort" der Freiheit
- Zum „Ort der freien Entscheidungen"
- Zum „Ort der Eigenständigkeit"
- Zum „Ort der Versöhnung"
- Zum „Ort der Liebesfähigkeit"

Ein Beispiel (Kurzfassung) aus der Frühzeit einer Therape: Es handelt von einem Mann, den ich zum „Ort der Zwänge" (und deren Quelle) begleitete.

Schon bald bemerkt er, daß ihm das Gehen Mühe macht. Immer wieder haften seine Schuhsohlen am Boden. Er sagt, ihm sei, als ob er von einer Klebmasse festgehalten werde. Dennoch gelingt

es ihm, wenn auch mit Anstrengung, weiterzugehen und eine (riesige) Höhle zu erreichen.
Zunächst sieht er im Höhlenhintergrund ein großes, unheimlich wirkendes Feuer. Dann erschrickt er. Angst durchflutet ihn. Denn in der Nähe des Feuers erkennt er eine massige Gestalt, die auf einem mächtigen Steinsockel thront. Gewaltig tönt es ihm entgegen: Du bist schuldig! Du bist nichts wert. Du taugst zu nichts etc.
Der Imaginand hat den Drang, diesen fürchterlichen Ort so schnell wie möglich wieder zu verlassen. Ich frage ihn, ob er noch ein wenig aushalten könne, und sage ihm, er sei an einem wichtigen Ort. Er bleibt, geht sogar einige Schritte auf die Gestalt, die ihre Anklage fortsetzt, zu. Einen Augenblick glaubt er, in der Gestalt das Gesicht seines Vaters zu erkennen, ist sich jedoch nicht sicher. Das Fremde des Ausdrucks überwiegt.
Weil der Mann sieht, daß sich die Gefahr nicht verdichtet, wagt er sich noch weiter vor, spürt Wut gegen den Ankläger aufsteigen, „studiert" ihn, so gut er kann. Dann staunt er: Der anklagende Riese beginnt zu schrumpfen und sich allmählich aufzulösen.
Auf dem Rückweg bemerkte der Mann mit Genugtuung, daß seine Schritte kaum noch haften. Sie sind viel leichter geworden. (Es versteht sich von selbst, daß aufgrund dieser Imagination die Zwänge noch nicht gründlich beseitigt waren).

d) PSYCHOSOMATISCHE STÖRUNGEN

Grundsätzliches:
- Wertorientierte Imaginationen sind keine Alternative zur medizinischen und psychotherapeutischen Arbeit, sondern deren wirksame *Er-gänzung*. Sie sind kein All-Heilmittel. Sie haben ihre Grenze am lebenden Organismus und - das gilt bekanntlich für jede therapeutische Arbeit - an der eingeschränkten Motivation zur Gesundung und - am Schicksal.

- Die in wertorientierten Imaginationen erfahrbaren Bilder sind *Symbole von Energiefeldern* positiver *und* negativer Art und beeinflussen daher positiv und negativ Leib und Seele.

- „Und so sage ich nach meinen Erforschungen des Atoms: Es gibt keine Materie an sich! Alle Materie entsteht und besteht nur durch eine Kraft, welche die Atomteilchen in Schwingung bringt ... So müssen wir hinter dieser Kraft einen bewußten intelligenten Geist annehmen. Dieser Geist ist der Grund aller Materie" [37]. Dieser Geist, der „die Atomteilchen in Schwingung bringt", ist in wertorientierten Imaginationen erfahrbar und wirksam. Er zeigt sich in der Seele, *aber er geht in ihr nicht auf.* Die *Wirksamkeit* der wertorientierten imaginativen Arbeit hängt ab vom *Grad der Erfahrung* des Geistes.

---

[37] Zitat aus einer Rede Max Plancks auf einem Gelehrtenkongreß in Florenz, zitiert in: Sinnspuren, hrsg. von Ludger Hohn-Kemler, Freiburg i.B. 1989, S. 36

- Die erkrankten Gebiete sind in wertorientierten Imaginationen spezifisch *und* unspezifisch beeinflußbar:
spezifisch z.B. durch Licht, den „inneren Arzt", durch die existentielle Auseinandersetzung mit den Ursachen und Gründen der Erkrankung, vor allem aber durch die Ausrichtung auf jene Werte, deren Nichterleben (Teil) - Ursache der Erkrankung ist -,
unspezifisch durch die Erschließung geistiger Kräfte, (z.B. durch Imaginationen zum „inneren Immunsystem", zur verborgenen Lebenskraft, zum Zentrum, zum umbewußten Geist, zum festen Halt). Denn: Sollte durch Imaginationen der Krankheitsherd selbst nicht zu beseitigen sein, so kann doch u.U. durch Vitalisierung der körperlich-seelisch-geistigen Kräfte die Ausweitung der Krankheit verhindert werden.
Die Ziele der wertorientierten Imaginationen:

Zielorientierung:
- Was wäre, wenn ich frei wäre von meinen Störungen?
(Ein-Fälle, Assoziationen, Bilder kommen lassen)

Problemorientierung:
- Zum Symptomfeld (weiter zur Quelle der Störungen)
- Zum Energiefluß (aus diagnostischen Gründen)
- Zur verkapselten Wut
- Zur verborgenen Angst
- Zum „Ort der Verdrängungen"

Wertorientierung
- Zum „inneren Arzt"
- Zu den verborgenen Lebenskräften
- Zum verborgenen Kraftstrom

- Zum „inneren Immunsystem"
- Zum „Ort der Gesundung" (um die Motivation zu erhellen)
- Zum „Ort der Selbstverantwortung"
- Zum „Ort der Selbstbestimmung"
- Zur heilenden Quelle
- (Zur Wirbelsäule
- Zu den Chakren)

Drei Beispiele:

Einem an Rheuma erkrankten Mann zeigten sich in den Gelenken klare Bilder seiner Erkrankung. Zugleich wurde ihm deutlich, daß sein bisheriger Mangel an Bereitschaft, Konflikte durchzustehen, zu inneren Stauungen geführt hatte (imaginativ: vermauerte Schießscharten). Die Bilder forderten ihn dazu heraus, vorwiegend imaginativ an diesem Mangel zu arbeiten. Der Mann wurde nach langen Krankheitsjahren gesund.

Eine Frau, die schon lange unter „Magenproblemen" gelitten hatte, sah in ihrem Magen eine wunde Fläche, in deren Mitte plötzlich Wasserfluten, ein gekentertes Boot und zwei daran sich klammernde Frauen sichtbar wurden, von denen eine bald in den Fluten versank.
Hintergrund dieser Imagination war ein Unfall im Meer, bei dem die Freundin der Imaginandin ertrunken war. Sie hatte dieses Unglück, für das sie sich kurzfristig mitverantwortlich gefühlt hatte, schon bald danach verdrängt. Nicht lange

danach hatten die „Magenprobleme" eingesetzt. Sie erkannte, was zu tun war.

Ein junger Reiter, der bei einem Ausritt schwer gestürzt war und sich dabei einen Beckenbruch zugezogen hatte, konnte sich an die Einzelheiten des Unfalls nicht mehr erinnern, was ihm sehr zu schaffen machte. Noch lange nach dem Unfall hatte er ständig Schmerzen im Unterleib. Schon während der Imagination, die ihm den Ablauf des Geschehens wieder in Erinnerung brachte, ließen die Schmerzen nach und verschwanden bald vollständig.

e) SUCHT

Zielorientierung:
- Was wäre, wenn ich frei wäre von meiner Sucht? (Ein-Fälle, Assoziationen, Bilder kommen lassen; von einem geeigneten Bild aus die Imagination beginnen).

- *Supportive Imaginationen:*
- Zum „inneren Verbündeten"
- Zum inneren Licht

Problemorientierung:
- Zum „Ort der Sucht"
- Zur Quelle der Sucht
- Zu den alten Verletzungen
- Zum tiefsten Schmerz
- Zur (Selbst-)Ablehnung,
- Zur verborgenen Wut

- Zur verborgenen Angst
- Zum (Selbst-)Haß
- Zum größten Widerstand

Wertorientierung:
- Zum Raum unter der Sucht
- Zum unversehrten Raum (der von der Sucht nicht affizierte „Teil" der Seele)
- Zum inneren Kind (positiver Aspekt)
- Mein stärkeres Ich kommt mir entgegen
- Zum „Ort der Klarheit"
- Zum stärksten Gefühl
- Zum zentralen Wunsch
- Zum inneren Zentrum
- Zum „Ort der Freiheit"

Ein Beispiel [38]:
Ein stark cocainbabhängiger Patient kam nach Abbruch einer langen Therapie - der Abbruch erfolgte seitens des Therapeuten - mit wertorientierten Imaginationen in Berührung, zunächst sporadisch, dann regelmäßig. Zu Beginn der neuen Therapie äußerte er zwar seinen Wunsch, ohne Cocain leben zu wollen, eine große Motivation war jedoch nicht spürbar. Auf keinen Fall wollte er stationär behandelt werden.

In der ersten Imagination registrierte der Mann einen Zugewinn an Energie. Ein Traum machte

[38] Den folgenden Beitrag - er stellt eine Zusammenfassung dar - verdanke ich meinem Mitarbeiter Ulrich Franz Nettig (Arzt und Psychotherapeut).

jedoch deutlich, wie unsicher der Kraftzuwachs war.

In der zweiten setzte sich das Thema „Energiegewinnung" fort. Kräftigende, aber auch kathartische Symbole wurden deutlicher. Zugleich begann die Auseinandersetzung mit den inneren Widerständen.

In den Folgeimaginationen, die ihn u.a. zum „Ort der Klarheit" und zum „Ort hinter der Abhängigkeit" führten, kam es zu tiefen Selbstbegegnungen. Erschüttert erkannte er die Einschätzung seiner eigenen Seele hinsichtlich seines bisherigen Lebens. Die Ursachen und Gründe der Erschütterung wurden primär imaginativ bearbeitet. Das war umso eher möglich, als ihm in einer Imagination das „Tal der verborgenen Freiheit" vor Augen geführt wurde.

Unmißverständlich zeigten ihm die inneren Bilder, daß er seinen Weg selbst zu finden habe.

In einer der letzten Imaginationen verabschiedete er sich von seinem Dealer. Nach der Imagination zum „inneren Schwert", in der er eine bewegende Reinigung durch Wasser und Feuer erlebte, blieb er abstinent. Es besteht viel Hoffnung, daß er seinen Neubeginn fortsetzen kann. Zum Neubeginn gehört auch die Neuordnung seines sozialen Lebens.

8.5. WERTORIENTIERTE IMAGINATIONEN BEI IRREVERSIBLEM SCHICKSAL

Besonders für Menschen, die an einem unumkehrbaren Schicksal leiden, kann die wertorientierte Imagination eine besondere Hilfe sein. Durch den elementaren Werteverlust geraten sie in eine tiefe Sinnkrise, denn sie sind auf die Ein-Schnitte und Widerfahrnisse, die ihr Schicksal ausmachen, nicht vorbereitet und daher (zunächst) völlig überfordert. Ihr Lebenszusammenhang stellt sich ihnen nur noch bruchstückhaft dar.

Die folgenden Imaginationen könnten diesen Menschen behilflich sein, eine Einstellung zu ihrem Schicksal zu finden, die lebensbejahend wäre. Durch sie könnten sie sich auch neue Sinnfelder erschließen[39].

Zielorientierung:

- Was wäre, wenn ich Licht in meinem Tunnel sähe? (Ein-Fälle, Assoziationen, Bilder kommen lassen; von einem geeigneten Bild aus die Imagination beginnen).

Supportive Imaginationen:

- Zum inneren Licht
- Zur Quelle des Atems
- Zum „inneren Verbündeten"
- Zum inneren Kind (zum unverletzten)

---

[39] Siehe dazu auch: Sinnerfahrung bei unabänderlichem Schicksal, in: Uwe Böschemeyer, Neu beginnen! Konkrete Hilfen in Wende- und Krisenzeiten, Lahr 1996, S. 131 ff.

Problemorientierung:
- Zum „Ort der Verletzungen"
- Zum tiefsten Schmerz
- Zur verborgenen Wut
- Zur verborgenen Angst
- ggf. zum „Ort der Hoffnungslosigkeit"

Wertorientierung:
- Zur verborgenen Hoffnung
- Zu den verborgenen Lebenskräften
- Zum ungelebten Leben
- Zu den wartenden Werten
- Zum unbewußten Geist
- Zum „Ort der neuen Ideen"
- Zum „dritten (bislang unbekannten) Weg"
- Zur inneren Freiheit
- Zum „Ort des Geliebtwerdens"

Ein Beispiel:
Das Lebensgefühl eines 40-jährigen Mannes wurde von einer Gesichtsverletzung bestimmt. Keine Operation hatte sein Leiden wesentlich verändern können. So kreisten seine Gedanken über lange Zeiten um sein Problem. Nach zunächst oberflächlich verlaufenen Imaginationen wagte er zunehmend eine tiefgreifende Auseinandersetzung mit sich und seinem Schicksal. Sie veränderte seine Grundeinstellung zum Leben und seine Beziehung zu Menschen. Eine der letzten Imaginationen - sie führte ihn zum „Ort der inneren Versöhnung" - zeigt die Früchte seiner Arbeit. (Ich gebe die Imagination verkürzt wieder):

Nach längerer Wanderung sieht er ein Loch und „weiß", daß die Form des Lochs sein Leiden symbolisiert. Er bleibt stehen und sieht sich die Form genau an. Dann beginnt er zu staunen: Er sieht Körner in der Tiefe des Loches. Sie wachsen zu Ähren heran. Immer mehr Ähren wachsen aus der Tiefe empor. Sie breiten sich zu einem riesigen Kornfeld aus. Im Hintergrund erkennt er sogar mit Korn gefüllte Scheunen. Der Mann ist zutiefst bewegt - und versteht.

8.6. WERTORIENTIERTE IMAGINATIONEN ZUR „DIMENSION DER TIEFE"

Zur größten Überraschung in der Zeit der Entwicklung wertorientierter Imaginationen gehörte für mich die Entdeckung religiöser Symbole. Ich habe sie nicht gesucht. Sie zeigten sich von selbst.

Sie zeigen sich bei Imaginanden unterschiedlichster Sozialisation, auch bei denen, die ihrem eigenen Verständnis nach keinerlei religiöse Bindung haben. Besonders bemerkenswert jedoch erscheint mir dieser Befund: Fragt man die Imaginanden nach ihren Erfahrungen mit religiösen Symbolen, sind ihre Antworten identisch mit denen, die man erhält, wenn man Menschen nach ihren tiefsten Sehnsüchten fragt: „Angenommensein, Geliebtwerden, sein dürfen, ganz bei mir sein, durchströmt von Licht und Liebe etc.".

Diese Erfahrung läßt die Annahme zu, daß Religiosität ein *Existential* ist, also ein zu jedem Menschen gehörendes Gefühl - und daher selbstverständlich auch Thema

der Psychotherapie [40]. Ist aber Religiosität ein Existential,
dann scheint es schlüssig, daß deren Symbole nicht nur
„zufällig" erlebt, sondern intendiert werden können wie
die anderer Existentiale auch.

Der Mythos zeigt allerdings - und das gilt ebenso für
wertorientierte Imaginationen -, daß sich ein Mensch
zwar für das Göttliche öffnen, nicht aber darüber verfü-
gen kann. Gerade diese Möglichkeit aber - sich für das
Göttliche *öffnen* zu können - entspricht im besonderen
dem Grundbedürfnis vieler Menschen unserer Zeit, deren
Hauptproblematik meiner Auffassung nach in ihrer
„metaphysischen Ortlosigkeit" besteht (deren Folge der
Sinnmangel ist).

Die wertorientierten Imaginationen wären eine neue
Möglichkeit, zu einer (nicht dogmatisch, sondern persön-
lich verstandenen) „Metaphysik der inneren Erfahrung"
(Windelband) zu gelangen [41].

Die praktische Konsequenz? In wertorientierten Imaginationen „wandern" wir an solche „Orte" des unbewußten Geistes, in denen sich religiöse Symbole zeigen. Doch
diese „Orte" liegen tief. Daher wird auch nur der sie erleben, der zuvor wichtige Sinnfindungsbarrieren, die dem
Geist den Weg versperrten, bearbeitet hat.

Folgende Ziele öffnen - nach bisheriger Erfahrung - den
Weg zu religiösen Symbolen:

---

[40] Näheres dazu siehe in: Uwe Böschemeyer, Dein Unbewußtes
weiß mehr, als du denkst, Wertorientierte Imagination als Weg
zum Sinn, Freiburg i.B. 1996, 2. Aufl.: Hamburg 2000, S. 97 ff.
[41] Siehe dazu Karl Jaspers, Die großen Philosophen, München
1995, 5. Aufl., S. 326 f.

- Zum „unbewußten Geist"
- Zum „Ort der Geborgenheit"
- Zum „Ort der Güte"
- Zum „Ort des Geliebtwerdens"
- Zum „Ort des Friedens"
- Zum „Ort der inneren Einheit"
- Zum „Grund des Seins"
- Zum inneren Zentrum
- Zum „Innersten"

Ein Beispiel:
Zum „Ort der Güte":
Der ´Einstieg´ (einer Frau) erfolgt über den Wärmekreis der Körpermitte.

Bald schon eröffnet sich mir eine Landschaft. Im Hintergrund ist ein Tannenwald zu sehen. Die Tannen verneigen sich sachte. Vor diesem Wald breitet sich eine Blumenwiese aus. In den Blüten sind Gesichter zu sehen, die ich jedoch nicht erkennen kann. Ein Feldweg führt in diese Landschaft hinein. Ich gehe ein Stück Weges und lehne mich dann an den Stamm eines kräftigen Baumes, der auf der linken Seite steht. Mein Blick schweift in die Landschaft. Das Gedicht von Eduard Mörike kommt mir in den Sinn: „Frühling läßt sein blaues Band wieder flattern durch die Lüfte; süße, wohlbekannte Düfte streifen ahnungsvoll das Land."
Da schwebt vom Wald her aus den ´Lüften´ ein weißer Schleier heran und formt sich vor mir zu einer Gestalt. Wir stehen uns gegenüber. Ich be-

trachte die Gestalt. Sie ist zeitlos, zart, anmutig und unendlich gütig. Wir sehen uns längere Zeit in die Augen, und ich bin tief berührt. Dann verschmelzen wir in wellenartigen Bewegungen - von ihr zu mir und wieder zurück - ineinander.
An diesem Ort entsteht ein großes Herz. Ich sehe in die Mitte des Herzens. Dort zeigt sich ein runder, tiefroter Rubin, der plötzlich von innen nach außen zu fließen anfängt. Daraus entsteht eine große, lichte Fontäne auf einem Stadtplatz meiner Heimatstadt. Die Flüssigkeit ist kein Wasser, sondern sie ist weich, ölig, wohl duftend und heilend (aus zahlreichen Schilderungen dieser Art und den Reaktionen der Imaginanden darauf schließe ich, daß diese 'Flüssigkeit' ein Symbol für Geist ist, Anm. v. Verf.).
Von rechts kommen Menschen an diese Fontäne. Als erstes erkenne ich meinen verstorbenen Vater, dann meine Mutter, die noch lebt, zu der ich jedoch keinen Zugang habe, und meine jüngste Schwester, die diesen Zugang zu meiner Mutter verhindert. Allen dreien reiche ich einen Becher dieser Flüssigkeit und erlebe tief in mir drei 'Qualitäten' der Güte: bei meinem Vater die verzeihende Güte, bei meiner Mutter, trotz der äußeren Schranken, die verbindende Güte, bei meiner Schwester, die starr und kühl wirkt, die 'seinlassende' Güte. In der Tiefe meines Seins bin ich erschüttert und bewegt. In die Himmelsrichtung, aus der die Drei kamen, ergießt sich aus der Fontäne ein Strom und tränkt die Wiese mit den Blumen. Nun kann ich auch die Gesichter erkennen. Mir wird klar, daß dies meine Ahnen und

Urahnen sind. Durch dieses Geschehen werden
die Blumen größer.
Mein Blick geht zurück zur Fontäne, und mir
wird bewußt, daß diese heilende Flüssigkeit als
Güte in alle vier Himmelsrichtungen, ja in die
ganze Welt verteilt werden muß. Da höre ich
ganz deutlich den Anruf: 'Wenn nicht du, wer
dann?'
Ich trete in die Mitte der Fontäne und finde mich
wieder in einem heiligen Raum, umhüllt von mil-
dem, sanftem, heilendem, wohlriechendem Licht.
Ich kann mich nur noch ehrfürchtig niederknien
und verweilen.

9. DIE BEGLEITUNG WERTORIENTIERTER IMAGINATIONEN

9.1. HALTUNG UND HANDLUNG IN DER BEGLEITUNG

Besonders C.G. Jung und andere Imaginationstherapeu-
ten gehen davon aus, daß zu viel Methode, zu viel Führung und zu viel Zielvorstellung der Entwicklung des
Klienten nicht förderlich sei. Dem stimme ich grundsätz-
lich zu. Doch was heißt „zu viel"?
Die Form der Begleitung, die sich mir im Lauf der Zeit
als hilfreich zeigte, kann ich mit der Aufgabe eines idea-
len Bergführers vergleichen (der Begriff „Führer" paßt
allerdings nur begrenzt zu dem nun Folgenden):

- Der Wanderer bestimmt, welchen Berg er besteigen
möchte.

- Solange der Wanderer seinen Weg findet, hält sich sein Begleiter mit Worten und Hinweisen zurück.

- Nähert sich der Wanderer einer Gefahrenstelle, die er nicht erkennt und/oder aller Voraussicht nach nicht allein bewältigen kann, ist es Aufgabe des Begleiters, ihn aufmerksam zu machen oder ihm Hinweise auf Möglichkeiten zu geben, wie er die Gefahr überwinden könne. Sollte der Wanderer gar die Balance verlieren, wird der Begleiter ihm nicht nur mit Rat, sondern auch mit der Tat behilflich sein. Dann ist er ihm unmittelbar nahe.

- Nähert sich der Wanderer dagegen einer Stelle, von der aus er einen herrlichen Blick auf den Gipfel oder das unten liegende Tal haben könnte, ohne diese Möglichkeit zu erkennen, wird ihn der Begleiter darauf aufmerksam machen und, wenn er sich desinteressiert zeigt, ihn vielleicht locken.

- Es kann auch sein, daß der Wanderer sich anschickt, einen Umweg zu machen. Dann wird ihn der Begleiter darauf aufmerksam machen, ohne ihn jedoch zu drängen, den „richtigen" Weg zu verfolgen.

- Hat der Wanderer schließlich den Gipfel erreicht, wird sich der Begleiter wieder zurückhalten und ihn erleben lassen, was er sieht.

Zusammenfassend: Der Weg, den der Wanderer geht, ist „sein" Weg. Der Begleiter hat lediglich die Aufgabe, ihm behilflich zu sein, ihn auch gehen und das Ziel finden zu können. Die Begleitung ist weder eine nur aktive noch eine nur passive, sie richtet sich auf die Bedürfnisse und Notwendigkeiten des Imaginanden aus.

So wichtig es ist, daß der Begleiter mit den Potentialen und deren Widerständen vertraut ist, so notwendig es ist, daß er so weit wie möglich die Wege der inneren Welt kennt -, wohl noch wichtiger ist sein Zugang zur *Intuition*, denn sie ist *das* spezifische Erkenntnisorgan im Blick auf die innere Welt.

9.2. INTUITION ALS SPEZIFISCHES ERKENNTNISORGAN

Was ist Intuition?
- Die Intuition ist ein wesentlicher Aspekt des unbewußten Geistes. Daher hat Zugang zu ihr nur der, der für *ihn* offen ist und sich auf *ihn* hin ausrichtet. Zugleich wird der Zugang zur Intuition in dem Maße offen sein, in dem sich ein Mensch mit Leib, Seele und Geist auf das ausrichtet, *was* er erkennen möchte.
- Intuition setzt Bejahung dessen voraus, wofür man sich öffnen und was man verstehen möchte. Denn Leben, das abgelehnt wird, verschließt sich -, das, was angenommen wird, öffnet sich.
- Intuition setzt den Glauben an eine innere Ordnung der Dinge voraus, so z.B. auch ein „prämoralisches Wertverständnis" (Frankl), ein tiefes Wissen von dem, was wert ist zu leben und was nicht.
- Intuition kann man nicht „machen", auch nicht probieren, denn sie ist Ausdruck einer bestimmten geistigen, dem Leben zugewandten Haltung. Deshalb wäre es auch

abwegig, wollte der Begleiter von Imaginationen auf seine intuitiven Ein-Fälle stolz sein.

9.3. VORAUSSETZUNGEN DES BEGLEITERS WERTORIENTIERTER IMAGINATIONEN

Voraussetzungen für die Möglichkeit der Begleitung wertorientierter Imaginationen sind:

- Kenntnis anthropologischer Zusammenhänge, vor allem die Anerkenntnis des unbewußten Geistes als „Mitte" der Seele.
- Ausbildung in wertorientierter Imagination (Theorie und Praxis).
- Therapeutische Ausbildung, die den Begleiter befähigt, Störungen und Krankheiten erkennen zu können.

- Aus- *und Fortbildung* in wertorientierter Imagination, vor allem aber eine kontinuierliche wertorientiert-imaginative Selbsterfahrung.

NACHWORT

Forschung und Praxis im Zusammenhang wertorientierter Imagination werden weitergehen. Sie werden sich im Lauf der Zeit über den medizinischen, psychotherapeutischen, beraterischen und persönlichkeitsbildenden Bereich hinaus ausweiten. Dabei denke ich vor allem an alle Humanwissenschaften und deren methodische Ausformungen, an die Kunst in ihren unterschiedlichen Bereichen - erste Erfahrungen darin liegen bereits vor -, an „Ideenschmieden" jedweder Art.
Warum?
Meiner Auffassung und Erfahrung nach ist die Imagination weit mehr als eine psychotherapeutische Technik, sondern ein Weg in die innere, *grundlegende* Welt des Menschen, die in kaum ahnbarer Weise polyphon ist, also vielstimmig und vielsagend -, reich an Erkenntnis- und Phantasieschätzen, reich auch an geistiger Kraft. Und diese Schätze brauchen wir dringlicher denn je, wenn nicht die Schere zwischen technologischer Entwicklung einerseits und humaner Entwicklung andererseits zu einem noch ernsteren Problem als bisher werden soll. Wir haben das, was das Unbewußte in sich birgt, viel zu wenig beachtet.
Positiv formuliert: Die innere Welt des Menschen, deren Mitte nicht der Trieb, sondern der Geist ist, deren Grund nicht das Chaos ist, sondern der Sinn, deren Ziel nicht der Haß ist, sondern die Liebe, bietet alle Voraussetzungen dafür, daß wir Lösungen finden, wie Menschen als Menschen leben können. Denn in der Tiefe ist es hell.

AUSWAHL AUS DER LITERATUR
VON UWE BÖSCHEMEYER

I. BÜCHER

- Die Sinnfrage in Psychotherapie und Theologie. Die Existenzanalyse und Logotherapie Viktor E. Frankls aus theologischer Sicht, Berlin/New York 1977 (vergriffen)
- Mut zum Neubeginn. Logotherapeutische Beratung in Lebenskrisen, Freiburg i.B./Basel/Wien 1988 (vergriffen)
- Vom Typ zum Original. Die neun Gesichter der Seele und das eigene Gesicht. Ein Praxisbuch zum Enneagramm, Lahr 1994
- Zu den Quellen des Lebens. Meditationen für den neuen Tag, Lahr 1995
- Neu beginnen! Konkrete Hilfen in Wende- und Krisenzeiten, Lahr 1996
- Und jetzt bin ich wieder allein. Hoffnungen und Chancen nach der Trennung, Stuttgart 1998
- Herausforderung zum Leben. Lebenskrisen und ihre Überwindung, Hamburg 1999, 2. Aufl. (nur noch im Hamburger Institut und bei Libri erhältlich)
- Dein Unbewußtes weiß mehr als du denkst. Wertorientierte Imagination als Weg zum Sinn, Hamburg 1999, 2. Aufl. (nur noch im Hamburger Institut und bei Libri erhältlich)
- Das Leben meint mich. Meditationen für den neuen Tag, Hamburg 1999, 4. Aufl. (nur noch im Hamburger Institut und bei Libri erhältlich)

- Schule des Lebens. Wertorientierte Persönlichkeitsbildung in Theorie und Praxis. Ein Beitrag der Logotherapie zur Erwachsenenbildung, Band 1, Hamburg 2000 (ISBN 3-8311-0014-4, im Hamburger Institut, über Libri Books on Demand, e-mail: jzaag@)libri oder in mit Libri verbundenen Buchhandlungen erhältlich) .

II. KLEINBUCH-REIHE
- Gespräche der Liebe, Lahr 1994
- Gespräche der Freude, Lahr 1994
- Gespräche der Geborgenheit, Lahr 1994
- Gespräche des Mutes, Lahr 1995
- Gespräche des Vertrauens, Lahr 1995
  (Diese Texte Reihe sind nur noch
  im Hamburger Institut erhältlich.)
- Der Weg aus der Abhängigkeit, Lahr 1993
- Sprache der Träume, Lahr 1994, 2. Auflage 1998
- 30 Tage dem Leben vertrauen, Lahr 1997

III. SCHRIFTENREIHE (Lahr, 1992 - 1994)

- Vergangenes Leben sein lassen
- Wenn Partnerschaft gelingen soll
- Umgang mit Ängsten
- Über sich selbst lachen können
- Wieder frei sein
- Vertrauen gewinnen
- Wenn die Einsamkeit kommt
- Hoffnung in dieser Zeit
  (Diese Texte sind nur noch im
  Hamburger Institut erhältlich.)

AUSBILDUNG:
WERTORIENTIERTE IMAGINATION

Gegenwärtig werden die Theorie und Praxis der
wertorientierten Imagination ausschließlich im Hamburger Institut für Existenzanalyse und Logotherapie
gelehrt. Unterlagen, auch zu den übrigen Veranstal-
tungen, sind im Institut erhältlich.

Anschrift:
Hamburger Institut für Existenzanalyse und Logotherapie
Barckhausenstraße 20
21335 Lüneburg
Tel.: 04131/ 403844
Fax: 04131/ 40 38 45
e-mail: sekretariat@boeschemeyer.de
homepage: www.logotherapie-hamburg.de